Jane Austen Wordsearch

Puzzles inspired by the classic novels

SIRIUS

SIRIUS

This edition published in 2023 by Sirius Publishing, a division of
Arcturus Publishing Limited,
26/27 Bickels Yard, 151–153 Bermondsey Street,
London SE1 3HA

Copyright © Arcturus Holdings Limited
Puzzles by Puzzle Press

ISBN: 978-1-3988-2764-6
AD011204UK

Printed in China

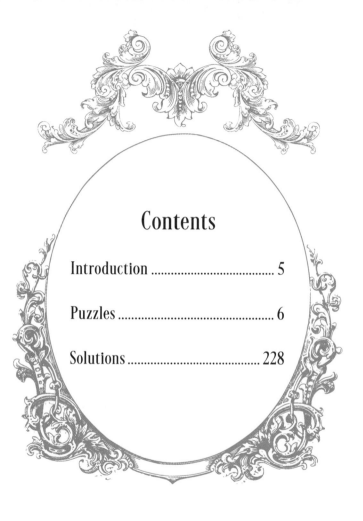

Contents

Introduction

The English author Jane Austen (1775–1817) is a much-loved writer of romantic fiction, her stories set among the middle and upper classes of the Regency era. Austen completed six works in total, providing rich insights into the lives of early 19th-century women.

Sense and Sensibility, Pride and Prejudice, Mansfield Park, and *Emma* were published during Austen's lifetime, then *Northanger Abbey* and *Persuasion* were released posthumously, as well as the beginnings of *Sanditon* and two other unfinished works—*Lady Susan* and *The Watsons*—plus three volumes of juvenile manuscripts entitled *Juvenilia.*

Austen's works address universal themes such as marriage, love, social obligation, gender, money, and religion, with witty and intelligent heroines, effervescent conversations, and happy endings. Her stories take place in the locations of Austen's own life, and have been turned into films, television series, and countless other adaptations.

In this delightful Regency-themed puzzle book, you're provided with lists of words relating to Jane Austen's life and works, and excerpts from her books and poems. To solve the puzzles, find the underlined words hidden within the grid (where no words are underlined, simply find all the words listed); they can run horizontally, vertically, or diagonally. The solutions are given at the back of the book.

We hope you'll enjoy solving these Austen-themed puzzles while losing yourself in a romantic world filled with bonnets, ballgowns, buckles, and breeches!

1 Mr. and Mrs. Bennet's Opening Dialogue
(Excerpt from *Pride and Prejudice*)

It is a <u>truth</u> universally acknowledged, that a <u>single</u> man in possession of a good <u>fortune</u>, must be in want of a <u>wife</u>.

<u>However</u> little known the <u>feelings</u> or views of such a man may be on his first <u>entering</u> a <u>neighbourhood</u>, this truth is so well <u>fixed</u> in the minds of the surrounding <u>families</u>, that he is considered as the rightful <u>property</u> of some one or <u>other</u> of their <u>daughters</u>.

"My dear Mr. <u>Bennet</u>," said his lady to him one <u>day</u>, "have you heard that <u>Netherfield</u> Park is let at <u>last</u>?"

Mr. Bennet replied that he had not.

"But it is," returned she; "for <u>Mrs. Long</u> has just <u>been</u> here, and she <u>told</u> me all about it."

Mr. Bennet made no <u>answer</u>.

"Do not you want to know who has <u>taken</u> it?" cried his wife <u>impatiently</u>.

"You want to <u>tell</u> me, and I have no <u>objection</u> to hearing it."

This was <u>invitation</u> enough.

```
Y T R E P O R P R E H T O
I S T A K E N T E N N E B
A N E A F A M I L I E S E
D G V I N R L S D Q I I N
E B W I S S G A B A M A T
X E O L T N W E S P Y H E
I E O J I A N E A T U O R
F N G L H U T T R H D W I
G Z E T T E I I E L U E N
R E U R L E D E O L R V G
F R O G N Z T T H N L E O
T F N T D A U G H T E R S
S I L N O I T C E J B O O
S Y D L E I F R E H T E N
D O O H R U O B H G I E N
```

AMELIA WEBSTER

CATHARINE, OR
  THE BOWER

EMMA

FREDERIC AND ELFRIDA

JACK AND ALICE

JUVENILIA

LADY SUSAN

LOVE AND FREINDSHIP
  (sic)

MANSFIELD PARK

NORTHANGER ABBEY

ODE TO PITY

PERSUASION

PLAN OF A NOVEL

PRIDE AND PREJUDICE

SANDITON

SENSE AND SENSIBILITY

SIR CHARLES GRANDISON

SIR WILLIAM MONTAGUE

THE ADVENTURES OF
  MR. HARLEY

THE BEAUTIFUL
  CASSANDRA

THE GENEROUS CURATE

THE HISTORY OF
  ENGLAND

THE THREE SISTERS

THE WATSONS

J	Z	A	R	D	N	A	S	S	A	C	K	U
L	U	O	U	Y	H	W	K	Q	V	U	N	P
F	D	V	E	S	T	H	R	E	E	R	H	P
E	L	U	E	E	W	I	L	L	I	A	M	E
W	E	K	M	N	Z	V	P	S	I	T	Y	R
D	V	C	E	S	I	A	T	L	P	E	B	S
N	O	A	O	E	D	L	E	R	L	K	S	U
A	N	J	V	I	E	M	I	R	R	A	U	A
L	T	R	R	S	A	D	A	A	N	M	S	S
G	H	F	L	A	E	H	P	D	E	N	A	I
N	L	N	B	O	R	L	I	Y	O	M	N	O
E	N	B	Z	M	V	T	R	S	J	I	M	N
F	E	R	E	G	O	E	T	A	S	V	A	A
Y	C	D	Y	N	L	A	C	T	H	L	Y	C
T	H	E	B	O	W	E	R	U	P	C	J	O

3 Robert Ferrars Explains to Elinor Dashwood his Fondness for a Cottage (Excerpt from *Sense and Sensibility*)

"For my own part," said he, "I am excessively fond of a cottage; there is always so much comfort, so much elegance about them. And I protest, if I had any money to spare, I should buy a little land and build one myself, within a short distance of London, where I might drive myself down at any time, and collect a few friends about me, and be happy. I advise every body who is going to build, to build a cottage. My friend Lord Courtland came to me the other day on purpose to ask my advice, and laid before me three different plans of Bonomi's. I was to decide on the best of them. 'My dear Courtland,' said I, immediately throwing them all into the fire, 'do not adopt either of them, but by all means build a cottage.' And that I fancy, will be the end of it.

```
S T E E Y E C I V D A D I
E P E G C E D I C E D E M
S O R E H N E S O P R U P
I D H C R Y A V O Y M I H
V A A T E H H T Y C N A F
D S O N L U T U S R G V S
A P O T O S D N E I R F Z
T M Y S E L F R D A D C E
R B B T C O L L E C T O L
A L O Y B U I L D D F T E
P R D N A L T R U O C T G
P T H R O W I N G W Y A A
B T R O F M O C Z N I G N
E R O F E B I K Z L T E C
N O D N O L D S N A E M E
```

4 Characters in *Sense and Sensibility*

COLONEL BRANDON

ELINOR DASHWOOD

FANNY DASHWOOD

HENRY DASHWOOD

JOHN DASHWOOD

MARGARET DASHWOOD

MARIANNE DASHWOOD

MRS. DASHWOOD

EDWARD FERRARS

ROBERT FERRARS

MISS SOPHIA GREY

MR. HARRIS

MRS. JENNINGS

LADY MIDDLETON

SIR JOHN MIDDLETON

MISS MORTON

CHARLOTTE PALMER

THOMAS PALMER

MR. PRATT

MRS. SMITH

ANNE 'NANCY' STEELE

LUCY STEELE

ELIZA WILLIAMS

JOHN WILLOUGHBY

```
Y N N A F M S E L I N O R
Y E W R M A R G A R E T I
M D M I M O D G Z T R O P
I Z A O L W R W R N U A G
D N H L U L F T N E L Q V
D T H T C L O O O M Y E B
L A K O Y B D U E N E P S
E Y S Y J N S R G M L T G
T R G H A O H T A H R B N
O N Y R W H H R E E B Y I
N E B W A O I T B E E Y N
V H B R O A O O I N L N N
R A R O N A R D D M U E E
P I F N F E R R A R S O J
S V E L I Z A P R A T T A
```

5   Happy the Lab'rer

Happy the lab'rer in his Sunday clothes!

In light-drab coat, smart waistcoat, well-darn'd hose,

And hat upon his head, to church he goes;

As oft, with conscious pride, he downward throws

A glance upon the ample cabbage rose

That, stuck in button-hole, regales his nose,

He envies not the gayest London beaux.

In church he takes his seat among the rows,

Pays to the place the reverence he owes,

Likes best the prayers whose meaning least he knows,

Lists to the sermon in a softening doze,

And rouses joyous at the welcome close.

R E R B A L S R E Y A R P
W E L C O M E H L I K E S
E E C R E V E R E N C E D
T C L O J E S O L C L S O
J R N L N Y D W H A S E Z
U O Y A D S H S G E I W E
K U Y P L A C E L E S O R
T S P O P G R I L I E O R
S E K A U A U N O P S N H
A S F O Y S H X D U M T T
E N V I E S C T A E S A S
L E O T X U A E B K O W E
T F I S E R M O N C O W Y
T A D A E H Y A D N U S A
K D H V S T U C K W I S G

CAROLINE AUSTEN

CHARLES JOHN AUSTEN

FRANCIS WILLIAM AUSTEN

GEORGE AUSTEN

HENRY THOMAS AUSTEN

JAMES AUSTEN

PHILADELPHIA AUSTEN
   HANCOCK

EDWARD AUSTEN KNIGHT

ANNA AUSTEN LEFROY

ALETHEA BIGG

HARRIS BIGG-WITHER

THOMAS CADELL

BENJAMIN CROSBY

ELIZA DE FEUILLIDE

THOMAS EDGERTON

WARREN HASTINGS

CATHERINE HUBBACK

FANNY KNIGHT

TOM LEFROY

CASSANDRA LEIGH

THOMAS LEIGH

MARTHA LLOYD

JOHN MURRAY

JOHN STAINER CLARKE

```
A R D N A S S A C R Q Y S
M N E T N Q C N D G N S A
A O Y L E I G H S N S I M
R T A F I T J E A E D R O
T R R F I Z M F L R L R H
H E R O C A A R A Q E A T
A G U C J E A W T F F H U
R D M A S H D P W K R K Q
E E N R C E D A S D O C R
C N G O E N R V C Y Y O Z
A N E L S R H U B B A C K
J M O I E Y A E D R K N P
O Z R N A E H T E L A A C
H N G E Y B S O R C R H G
N Q E S I C N A R F I H V
```

7   Foods

APPLE DUMPLINGS

ARTICHOKE SOUP

BUTTERED LOBSTER

CALF'S FOOT JELLY

CHOCOLATE TART

CURRY OF RABBITS

EGGS

FRENCH BREAD

FRICANDO OF VEAL

HAUNCH OF VENISON

HONEY CAKE

KIDNEY

LIQUORICE

LIVER

MACKEREL

MARZIPAN

MUFFINS

MUTTON

PENNY LOAF

PORRIDGE

RICE PUDDING

ROAST GOOSE

SWEETBREADS

SYLLABUB

```
N A P I Z R A M T R K M E
P E T A L O C O H C C A W
S W E E T B R E A D S C U
F H N L Y K Y E N D I K J
S O T P E F I E V A T E F
E O P P I G B Z B I L R R
C F U A V R G U I L L E E
I U W P E G B S Y E B L N
R F R A A A I V G W R M C
O A W R L Y E D Q E U U H
U O Y L Y N I Y T F B T Y
Q L Y H I R E S F A S T N
I S R S R N B I E S O O G
L Y O O O O N R E M O N M
T N P H L S P U D D I N G
```

Fanny Price and Edmund Bertram
8 Wonder How Far they have Walked
(Excerpt from *Mansfield Park*)

"But if you remember, before we left that first great path, we saw directly to the end of it. We looked down the whole vista, and saw it closed by iron gates, and it could not have been more than a furlong in length."

"Oh! I know nothing of your furlongs, but I am sure it is a very long wood, and that we have been winding in and out ever since we came into it; and therefore, when I say that we have walked a mile in it, I must speak within compass."

"We have been exactly a quarter of an hour here," said Edmund, taking out his watch. "Do you think we are walking four miles an hour?"

"Oh! do not attack me with your watch. A watch is always too fast or too slow. I cannot be dictated to by a watch."

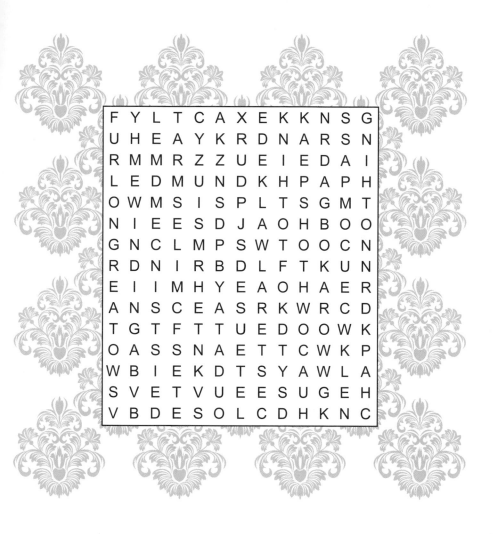

```
F Y L T C A X E K K N S G
U H E A Y K R D N A R S N
R M M R Z Z U E I E D A I
L E D M U N D K H P A P H
O W M S I S P L T S G M T
N I E E S D J A O H B O O
G N C L M P S W T O O C N
R D N I R B D L F T K U N
E I I M H Y E A O H A E R
A N S C E A S R K W R C D
T G T F T T U E D O O W K
O A S S N A E T T C W K P
W B I E K D T S Y A W L A
S V E T V U E E S U G E H
V B D E S O L C D H K N C
```

9   **Regency Furniture**

ARMCHAIR	PEDESTAL CABINET
BOBBIN TABLE	PIANO STOOL
BREAKFAST TABLE	SECRETAIRE BOOKCASE
CANTERBURY	SEWING TABLE
CHAISE LONGUE	SIDE CABINET
CHEST OF DRAWERS	SIDEBOARD
CHIFFONIER	SWING MIRROR
DAVENPORT	TEAPOY
DRESSING TABLE	WATERFALL BOOKCASE
INK STAND	WHATNOT
LIBRARY STEPS	WINE COOLER
PATIENCE TABLE	WRITING TABLE

```
R  E  I  N  O  F  F  I  H  C  C  Q  E
G  S  P  E  D  E  S  T  A  L  P  E  N
N  Y  P  L  L  A  F  R  E  T  A  W  I
I  D  R  E  S  S  I  N  G  Y  P  Y  W
W  W  S  K  T  A  Y  Q  C  H  E  S  T
S  T  U  U  H  S  G  N  I  T  I  R  W
B  R  R  C  A  N  T  E  R  B  U  R  Y
U  O  M  O  W  H  A  T  N  O  T  B  Y
E  R  B  B  P  E  O  P  J  A  O  O  G
A  U  S  B  S  N  Q  N  B  J  P  O  N
S  J  G  I  I  R  E  L  A  A  R  K  I
V  T  A  A  Q  N  E  V  E  I  A  C  W
F  H  E  C  N  E  I  T  A  P  P  A  E
C  W  K  D  R  A  O  B  E  D  I  S  S
T  E  N  I  B  A  C  G  I  N  K  E  E
```

10   Mr. Knightley Counsels Emma Against Puffing up her Friend Harriet Smith (Excerpt from *Emma*)

"I have <u>always</u> thought it a very <u>foolish</u> intimacy," said Mr. <u>Knightley</u> presently, "though I have kept my <u>thoughts</u> to myself; but I now <u>perceive</u> that it will be a very <u>unfortunate</u> one for <u>Harriet</u>. You will puff her up with such <u>ideas</u> of her own <u>beauty</u>, and of what she has a <u>claim</u> to, that, in a little while, nobody within her <u>reach</u> will be good <u>enough</u> for her. <u>Vanity</u> working on a <u>weak</u> head, produces every sort of <u>mischief</u>. <u>Nothing</u> so easy as for a <u>young</u> lady to raise her <u>expectations</u> too high. Miss Harriet <u>Smith</u> may not <u>find</u> offers of <u>marriage</u> <u>flow</u> in so <u>fast</u>, though she is a very <u>pretty</u> girl. Men of <u>sense</u>, whatever you may <u>chuse</u> to say, do not want silly <u>wives</u> . . ."

S	N	O	I	T	A	T	C	E	P	X	E	A
S	H	P	P	H	S	I	L	O	O	F	T	S
K	T	H	O	U	G	H	T	S	Y	S	A	E
N	I	Y	P	E	R	C	E	I	V	E	N	V
I	M	M	T	H	A	N	L	R	H	O	U	I
G	S	Y	T	U	S	Q	E	E	U	P	T	W
H	V	F	T	E	A	A	G	G	G	T	R	W
T	C	A	L	I	C	E	H	A	N	E	O	F
L	P	L	V	H	N	D	B	I	I	I	F	A
E	R	W	A	I	N	A	M	R	H	R	N	S
Y	E	A	A	I	D	E	V	R	T	R	U	T
O	T	Y	F	W	M	E	T	A	O	A	B	W
U	T	S	W	O	L	F	A	M	N	H	E	C
N	Y	E	S	U	H	C	H	S	C	A	Y	U
G	F	E	I	H	C	S	I	M	K	Y	S	D

11 Characters and Places in *Mansfield Park*

ANTIGUA

BADDELEY

EDMUND BERTRAM

JULIA BERTRAM

LADY BERTRAM

MARIA BERTRAM

SIR THOMAS BERTRAM

HENRY CRAWFORD

MARY CRAWFORD

DR. GRANT

HAMPSHIRE

LONDON

MANSFIELD PARK

MRS. NORRIS

PORTSMOUTH

FANNY PRICE

SUSAN PRICE

WILLIAM PRICE

MR. RUSHWORTH

SOTHERTON

LADY STORNAWAY

WEST INDIES

THE HON. JOHN YATES

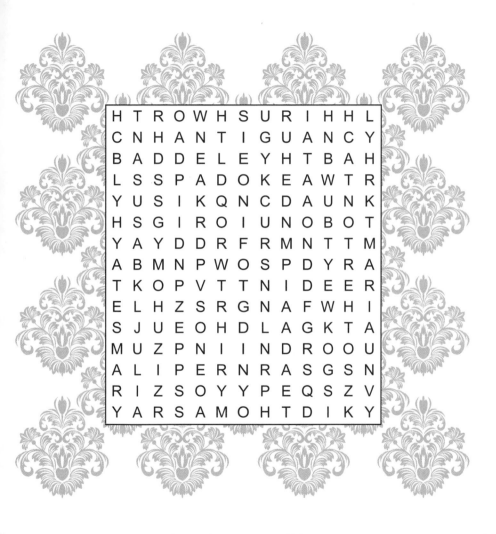

```
H T R O W H S U R I H H L
C N H A N T I G U A N C Y
B A D D E L E Y H T B A H
L S S P A D O K E A W T R
Y U S I K Q N C D A U N K
H S G I R O I U N O B O T
Y A Y D D R F R M N T T M
A B M N P W O S P D Y R A
T K O P V T T N I D E E R
E L H Z S R G N A F W H I
S J U E O H D L A G K T A
M U Z P N I I N D R O O U
A L I P E R N R A S G S N
R I Z S O Y Y P E Q S Z V
Y A R S A M O H T D I K Y
```

12 Catherine Morland Prepares to Dress for a Bath Ball
(Excerpt from *Northanger Abbey*)

. . . It would be <u>mortifying</u> to the feelings of many <u>ladies</u>, could they be made to understand how <u>little</u> the heart of man is <u>affected</u> by what is <u>costly</u> or new in their <u>attire</u>; how little it is biased by the <u>texture</u> of their <u>muslin</u>, and how unsusceptible of peculiar <u>tenderness</u> towards the spotted, the <u>sprigged</u>, the <u>mull</u>, or the <u>jackonet</u>. Woman is <u>fine</u> for her own satisfaction <u>alone</u>. No man will admire her the <u>more</u>, no <u>woman</u> will like her the <u>better</u> for it. Neatness and <u>fashion</u> are enough for the <u>former</u>, and a something of shabbiness or <u>impropriety</u> will be most <u>endearing</u> to the <u>latter</u>. But not one of these <u>grave</u> reflections <u>troubled</u> the tranquillity of <u>Catherine</u>.

```
G N I Y F I T R O M Y U E
C A T H E R I N E C T P N
J T A V R A V Q B D E O I
T A J F L E L S E V I R F
E B C O F I T G O H R E H
N R N K T E G T S Q P T Y
D E U T O I C A E N O T S
E C L T R N F T I B R A E
R E O P X O E L E O P L I
N G S S R E S T U D M V D
E H R M T U T B N I I W A
S E E A M L L E R O M O L
S R V U V E Y O O T V M G
J F L E D E R I T T A A E
I L E N D E A R I N G N E
```

13   Themes in Jane Austen's Books

CLASS	LOVE
COLONIALISM	MARRIAGE
CONSCIENCE	MONEY
COURAGE	MORALITY
DECEPTION	OBLIGATION
FAMILY	POLITICS
FEMINISM	POWER
GENDER	PROPERTY
HAPPINESS	RELIGION
INDEPENDENCE	ROMANCE
INHERITANCE	SOCIETY

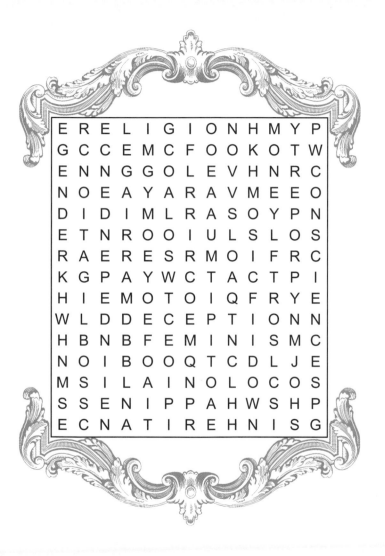

```
E R E L I G I O N H M Y P
G C C E M C F O O K O T W
E N N G G O L E V H N R C
N O E A Y A R A V M E E O
D I D I M L R A S O Y P N
E T N R O O I U L S L O S
R A E R E S R M O I F R C
K G P A Y W C T A C T P I
H I E M O T O I Q F R Y E
W L D D E C E P T I O N N
H B N B F E M I N I S M C
N O I B O O Q T C D L J E
M S I L A I N O L O C O S
S S E N I P P A H W S H P
E C N A T I R E H N I S G
```

ARCHBISHOP	LADY
BARON	LORD
COUNTESS	LORD HIGH ADMIRAL
DAME	MARCHIONESS
DOWAGER	MARQUESS
DUCHESS	PATRON
DUKE	PEER
EARL	PRINCE OF WALES
ESQUIRE	PRINCE REGENT
GENTLEMAN	QUEEN
KING	RIGHT HONOURABLE
KNIGHT	VISCOUNT

```
V I S C O U N T H Q O S P
F P O S M A R Q U E S S R
K T U U E M D Y I E F U I
G J L L B N N O H C G D N
S E L A W O O C W I P T C
U N N D R Q U I L A H G E
D I E T P D E R H G G D L
R Q A E L V A Q I C E E A
O P E K U E F R Y O R D R
L R S U K Q M D C U H A I
U U Q D Z I A A R N O M M
S Y U B I L N G N T T E D
K N I G H T Q G M E G Q A
N O R A B L O H D S F A R
K M E A R C H B I S H O P
```

15   Mr. De Courcy to Mrs. Vernon
(Excerpt from *Lady Susan*)

My dear Sister,—I congratulate you and Mr. Vernon on being about to receive into your family the most accomplished coquette in England. As a very distinguished flirt I have always been taught to consider her, but it has lately fallen in my way to hear some particulars of her conduct at Langford: which prove that she does not confine herself to that sort of honest flirtation which satisfies most people, but aspires to the more delicious gratification of making a whole family miserable. By her behaviour to Mr. Mainwaring she gave jealousy and wretchedness to his wife, and by her attentions to a young man previously attached to Mr. Mainwaring's sister deprived an amiable girl of her lover.

```
Y D O C Y J E E F E M O S
G T H L O V E R L L E Z T
F R Y O O N L A O O R K S
A I A R N S S H L W H I P
L L P T I E L I N O S W G
L F M T I I S G D T U A Z
E A Y B W F V T E E S S D
N A C E G S I R Q P R E Y
W N O H F I Q C I Y V N L
G O N A C T U R A I L I I
E N D V V A E V R T P F M
F R U I J S V P R U I N A
I E C O Q U E T T E M O F
W V T U Y D A Q H R D C N
R L T R A T T A C H E D O
```

EDWARD <u>BLORE</u>

DECIMUS <u>BURTON</u>

<u>JAMES</u> BURTON

CHARLES AUGUSTIN <u>BUSBY</u>

<u>SAMUEL</u> PEPYS COCKERELL

<u>GEORGE</u> DANCE THE YOUNGER

<u>FRANCIS</u> EDWARDS

JOHN <u>FOULSTON</u>

<u>WILLIAM</u> HILL KNIGHT

<u>HENRY</u> HOLLAND

THOMAS <u>HOPE</u>

DAVID <u>MOCATTA</u>

JOHN <u>NASH</u>

JOHN <u>RAFFIELD</u>

HUMPHRY <u>REPTON</u>

ROBERT <u>SMIRKE</u>

JOHN <u>SOANE</u>

GEORGE ALLEN <u>UNDERWOOD</u>

<u>AMON</u> HENRY WILDS

<u>JOHN</u> WOOD THE YOUNGER

<u>BENJAMIN</u> DEAN WYATT

JAMES <u>WYATT</u>

<u>PHILIP</u> WYATT

JEFFRY <u>WYATVILLE</u>

```
W P S P H I L I P B M W L
S Y H S A M U E L N O B G
J F A O E Y J O O E C I N
G N R T P B R T I Y A O B
D E L A T E P M E M T N H
H O O D N E N Q H R T O N
S E O R R C U H U Y A T I
M M N W G S I B B C B S M
A D I R R E A S E L Z L A
I M S R Y E U B P S R U J
L W O H K B D E T E P O N
L Y Q N S E V N N M Q F E
I U A O G E Q S U A Z L B
W Y A T V I L L E J O H N
M Y G D L E I F F A R S M
```

Admiral Croft's Motto Concerning 'one man's ways' (Excerpt from *Persuasion*)

17

" . . You can <u>slip</u> in from the <u>shrubbery</u> at any time; and <u>there</u> you will find we <u>keep</u> our <u>umbrellas</u> hanging up by that <u>door</u>. A good <u>place</u> is not it? But," (<u>checking</u> himself), "you will not <u>think</u> it a good place, for yours were always <u>kept</u> in the <u>butler's</u> <u>room</u>. Ay, so it always is, I <u>believe</u>. One man's <u>ways</u> may be as good as <u>another's</u>, but we all like our own <u>best</u>. And so you must <u>judge</u> for <u>yourself</u>, whether it <u>would</u> be <u>better</u> for you to go <u>about</u> the <u>house</u> or not."

<u>Anne</u>, <u>finding</u> she might <u>decline</u> it, did so, very <u>gratefully</u>.

```
S D K F L E S R U O Y E B
Y E K E H D G N I D N I F
A C E G E Y O B J U D G E
W L O R Z P E H Y G A S H
Y I J A E L Q R L A U C D
A N D T I H E Y N O H K T
B E U E R B T N H E M S S
O U V F B O E I C I E Y A
U E T U U P O K S B K I L
T P R L H M I M A E N M L
D H O L E N H L P U I O E
S L S Y G R E T S U H P R
E N U S O P S R E T T E B
E A N O T H E R S S D V M
G W D K W J E C A L P A U
```

18 Places in *Sense and Sensibility*

ALLENHAM

BARTON COTTAGE

BARTON PARK

BARTON VALLEY

BATH

CLEVELAND

COMBE MAGNA

DELAFORD

DEVONSHIRE

EAST KINGHAM FARM

EXETER

HONITON

KENSINGTON GARDENS

LONDON

LONGSTAPLE

NEWTON

NORLAND PARK

SOMERSETSHIRE

SOUTH-WEST ENGLAND

STANHILL

SUSSEX

WHITWELL

```
E R I H S T E S R E M O S
R T O N O T R A B Z A W D
I X Q S V H N O T W E N A
H E K E A T C O T T A G E
S S O N L N L V U L N C B
N S D S L P M M G N G F E
O U R Y E T A N O C A I X
V S O Y Y H E T L Y M N E
E C F P N T I E S S T O T
D G A E V N V F N G H D E
N R L B O E A E H T N N R
K L E H L R D I A I L O R
A K D A M R C B F A O L L
E I N W A L L E W T I H W
K D J G S T A N H I L L Q
```

19   Regency Poets

ALFIERI

ANDERSEN

BAILLIE

BARBAULD

BAUDELAIRE

BLAKE

BURNS

BYRON

BYSSHE SHELLEY

COLERIDGE

DONNE

FOSCOLO

GOETHE

HEMANS

KEATS

LEOPARDI

MANZONI

MORE

PUSHKIN

ROBINSON

SCHILLER

SCOTT

SMITH

WORDSWORTH

```
B G Q E P Z N O R Y B U L
A F S N R U B C D O N N E
R K O C W L S K T T O C S
B Y S S H E S H E L L E Y
A A R E C I F M K A W W M
U L U I G O L C I I T A Q
L F E D C D L L G T N S R
D I I R E O I O E Z H O S
B E L A A L E R O R B W E
U R L P S T A N E I P K H
K I I O H D I I N L A P E
M J A E I R W S R L O G M
O M B L S G O M B E V C A
R W L Z A N D E R S E N N
E H T R O W S D R O W H S
```

Miss Fairfax and Mr. Knightley Discuss the Value of Correspondence (Excerpt from *Emma*)

"I must not hope to be ever situated as you are, in the midst of every dearest connexion, and therefore I cannot expect that simply growing older should make me indifferent about letters."

"Indifferent! Oh! no—I never conceived you could become indifferent. Letters are no matter of indifference; they are generally a very positive curse."

"You are speaking of letters of business; mine are letters of friendship."

"I have often thought them the worst of the two," replied he coolly. "Business, you know, may bring money, but friendship hardly ever does."

```
I S D E T A U T I S G K N
D E V I E C N O C A N O M
K O E V E R Y Z Y S I E N
E D W G I L T R C X K B B
X E W T D S E W E A A R T
P P N R D T O N M T E I N
E O A I T R N N I D P S E
C H M A S O I N L M S L R
T A M T C K N O W K S E E
Q Z Y C H B E C O M E T F
G E N E R A L L Y E N T F
F R I E N D S H I P I E I
D T H G U O H T J M S R D
C O O L L Y M V H R U S N
R K P O S I T I V E B S I
```

CAPTAIN JAMES BENWICK

MISS CARTERET

PENELOPE CLAY

ADMIRAL CROFT

SOPHIA CROFT

LADY DALRYMPLE

ANNE ELLIOT

ELIZABETH ELLIOT

SIR WALTER ELLIOT

WILLIAM ELLIOTT

CAPTAIN HARVILLE

FANNY HARVILLE

CHARLES HAYTER

CHARLES MUSGROVE

HENRIETTA MUSGROVE

LOUISA MUSGROVE

MARY MUSGROVE

RICHARD MUSGROVE

NURSE ROOKE

LADY RUSSELL

MR. SHEPHERD

MRS. SMITH

COLONEL WALLACE

CAPTAIN FREDERICK WENTWORTH

D R E H P E H S M X N Q T
E M L X J L E E B K M F H
Y A L A P K H L C F O T C
A I I S O P H I A R I R H
S L V O L U W Z C M E T E
I L R L L N W A S F K K N
U I A A E X A B J A D C R
O W H B S D L E W N R I I
L H Y C S C T T A N A R E
H Q L B U X E H L Y H E T
A A W B R B R C L T C D T
Y E L P M Y R L A D I E A
T C H A R L E S C N R R M
E A R D G U T W E O N F H
R Y T E R E T R A C U E M

Excerpt from _To the Memory of Mrs. Lefroy who Died Dec:r 16 – My Birthday_

The day <u>returns</u> again, my <u>natal</u> day;
What <u>mix'd</u> emotions with the <u>Thought</u> arise!
Beloved <u>friend</u>, four <u>years</u> have pass'd <u>away</u>
<u>Since</u> thou <u>wert</u> <u>snatch'd</u> forever from our <u>eyes</u>.—
The day, <u>commemorative</u> of my <u>birth</u>
<u>Bestowing</u> Life and <u>Light</u> and <u>Hope</u> on me,
Brings back the <u>hour</u> which was thy <u>last</u> on <u>Earth</u>.
Oh! <u>bitter</u> pang of torturing <u>Memory</u>!—

<u>Angelic</u> Woman! <u>past</u> my <u>power</u> to <u>praise</u>
In <u>Language</u> meet, thy <u>Talents</u>, Temper, <u>mind</u>.
Thy solid <u>Worth</u>, they captivating <u>Grace</u>!—
Thou friend and <u>ornament</u> of <u>Humankind</u>!—

```
L A T A N O R N A M E N T
R F Y R O M E M H O P E A
E R R G N I W O T S E B L
T D N I K N A M U H V N E
U L W L E D R E T T I B N
R A O C P N C W T S T P T
N N R S I T D F S E A O S
S G T K R L A W A Y R W G
E U H E J R E K L E O E D
U A W T H O U G H T M R H
Y G R D R E W R N P E L C
V E X T C I U A D A M I T
N I A N H O B C R S M G A
M Y I R H S M E X T O H N
Y S O E S I A R P S C T S
```

BASSET CLARINET	HARP
BASSOON	HAUTBOIS
CELLO	LYRE
CHALUMEAU	MANDOLIN
CLAVICHORD	PIANOFORTE
COR ANGLAIS	PIPE ORGAN
CORNET	TAMBOURINE
DOUBLE BASS	TIMPANI
DULCIMER	TROMBONE
ENGLISH HORN	VIOLIN
FLUTE	VOICE
GUITAR	

```
C H A L U M E A U P I P E
H E N O B M O R T B P N T
C O R A N G L A I S O F U
O Q R T U T L B L O P V L
W K G N E O E Q S I E O F
T I V S K H C S A L Q I L
M N S T J Y A N B L L C R
Z A T A M B O U R I N E A
B P N Z H F O I T U D P T
V M L D O D E C T B R F I
I I D R O R R Z C A O Q U
O T T U Y L R P H C D I G
L E C L A V I C H O R D S
I B U Z C O R N E T S B G
N Y W T R E M I C L U D O
```

24   Mrs. Johnson to Lady Susan
(Excerpt from *Lady Susan*)

What could I do! Facts are such horrid things! All is by this time known to De Courcy, who is now alone with Mr. Johnson. Do not accuse me; indeed, it was impossible to prevent it. Mr. Johnson has for some time suspected De Courcy of intending to marry you, and would speak with him alone as soon as he knew him to be in the house. That detestable Mrs. Mainwaring, who, for your comfort, has fretted herself thinner and uglier than ever, is still here, and they have been all closeted together. What can be done? At any rate, I hope he will plague his wife more than ever. With anxious wishes, Yours faithfully,

ALICIA

```
U S U S P E C T E D W E Q
I H P O H L T S E A E S N
N O L L Y B W T E L N U O
T R A T E I E C N I K C S
E R G Q F S L A O C F C N
N I U E O S N F L I M A H
D D E L K O A C A A W O O
I O C A S P O N I J U H J
N N E T I M E N X S O B O
G P I M F I W R E I L G U
S L U O Q A Z D L U O C T
L V R F R E T T E D K U N
T T O I D E C O U R C Y S
R E N N I H T N E V E R P
O G Y Y L L U F H T I A F
```

25   Places in *Pride and Prejudice*

ASHWORTH

BRIGHTON

CHEAPSIDE

CLAPHAM

DERBYSHIRE

EAST SUSSEX

GRACECHURCH STREET

HAYE-PARK

HERTFORDSHIRE

HUNSFORD

KENT

KYMPTON

LAMBTON

LONDON

LONGBOURN

LUCAS LODGE

MERYTON

NETHERFIELD PARK

OAKHAM MOUNT

PEMBERLEY

PURVIS LODGE

ROSINGS PARK

STOKE

WESTERHAM

```
T E A S T H M Q N H T Q H
D N D S D W U R K E N T E
B E O I T A U N U A U B R
N R R T S O S L S O O M T
O N I B B P K H O F M A F
D S E G Y M A E W D O H O
N E N T H S A E S O G R R
O O N S H T L H L R E D
L K O S G E O I O C M T S
S Y T T A N R N R P A S H
I M Y R A K I F U E H E I
V P R E T O J S I Q P W R
R T E E I T R E O E A A E
U O M T P E M B E R L E Y
P N H A Y E P A R K C D Z
```

26 Catherine Morland's Ironic Reply to Henry Tilney's Unintelligible Questions (Excerpt from *Northanger Abbey*)

"With you, it is not, <u>How</u> is such a one likely to be <u>influenced</u>, What is the <u>inducement</u> most <u>likely</u> to act <u>upon</u> such a <u>person's</u> <u>feelings</u>, age, <u>situation</u>, and probable <u>habits</u> of life <u>considered</u>— but, How <u>should</u> I be influenced, What <u>would</u> be *my* inducement in <u>acting</u> so and so?"

"I do not <u>understand</u> you."

"Then we are on very <u>unequal</u> terms, for I understand <u>you</u> <u>perfectly</u> well."

"Me? <u>Yes</u>; I cannot <u>speak</u> well <u>enough</u> to be <u>unintelligible</u>."

"<u>Bravo</u>! An <u>excellent</u> <u>satire</u> on <u>modern</u> <u>language</u>."

```
D L U O H S G K N O P U Y
H L A N G U A G E S L N Y
D O E X C E L L E N T I L
D W W Q P U O Y S I L N E
C O N S I D E R E D A T K
B U U S T I B A H O T E I
Z L U N B R A V O E N L L
H D M O D E R N K G E L Q
S G N I L E E F G N M I U
Y L T C E F R E P I E G E
E N O U G H Q S F T C I R
U N E Q U A L E T C U B I
N O I T A U T I S A D L T
I N F L U E N C E D N E A
I U P E R S O N S V I D S
```

27   **Dances**

AIRS

ALLEMANDE

BALLET

BOURREE

CHASSE

COTILLION

COUNTRY DANCE

GALOP

HIGHLAND DANCE

HORNPIPE

JETE

JIG

MARCH

MOULINET

QUADRILLE

QUICK-TIME DANCE

REDOWA

RIGAUDON

SAUTEUSE

SCOTCH REEL

SPANISH DANCE

STRATHSPEY

WALTZ

```
T S Y E P S H T A R T S F
U D R J S D I F F Q Z C P
F H T R B C G D A N C E G
L H I J I G H E Y H N T A
W A L T Z E L P O Y O R L
C C D Z T M A R C H I A O
O A D E M B N F Q G L M P
U W J D N P D U A L L O A
N O M Q I T A U E S I U K
T D K P E D D M P C T L N
R E E L R O A A Q I O I W
Y R L I N N N T Q Q C N A
Z A L L D I B O U R R E E
B L V E S U E T U A S T S
E T F H W A E S S A H C T
```

28 Edward Ferrars Enthuses about the Dashwood Sisters' Love of Books (Excerpt from *Sense and Sensibility*)

"What magnificent <u>orders</u> would <u>travel</u> from this <u>family</u> to <u>London</u>," said Edward, "in <u>such</u> an event! What a <u>happy</u> day for <u>booksellers</u>, music-sellers, and print-shops! You, <u>Miss</u> Dashwood, would give a <u>general</u> commission for <u>every</u> new <u>print</u> of <u>merit</u> to be sent you—and as for <u>Marianne</u>, I know her greatness of <u>soul</u>, there would not be <u>music</u> enough in London to <u>content</u> her. And books!—Thomson, <u>Cowper</u>, Scott—she would buy them all over and over <u>again</u>: she would <u>buy</u> up every <u>copy</u>, I believe, to <u>prevent</u> their falling into <u>unworthy</u> hands; and she would have every book that <u>tells</u> her how to <u>admire</u> an <u>old</u> <u>twisted</u> tree. Should not you, Marianne? <u>Forgive</u> me, if I am very <u>saucy</u>. But I was <u>willing</u> to show you that I had not <u>forgot</u> our old <u>disputes</u>."

```
P T T M O R D E R S A H Y
A R W E A D T Z U S Y C U
D G I I L R Z N C I R U E
I W A N S L I I E M E S B
S W D I T T S A S V V E H
P I M L N U E O N A E L A
U L I A M K U D O N U R P
T L R R N O D N O L E C P
E I E E T R A V E L D L Y
S N M N O T N E T N O C N
Y G L E G E V I G R O F K
P D U G R U N W O R T H Y
O F O A O I Y L I M A F P
C P S G F M T C O W P E R
S R E L L E S K O O B D T
```

VERNON CASTLE

CHURCHHILL

CLARKES

LADY DE COURCY

REGINALD DE COURCY

EDWARD STREET

HAMILTONS

ALICIA JOHNSON

MR. JOHNSON

LANGFORD

LONDON

MARIA MAINWARING

MR. MAINWARING

SIR JAMES MARTIN

PARKLANDS

CHARLES SMITH

STAFFORDSHIRE

MISS SUMMERS

CATHERINE VERNON

CHARLES VERNON

FREDERICA VERNON

LADY SUSAN VERNON

WIGMORE STREET

WILSON

```
W E N I R E H T A C R I U
I R D S D L A N I G E R N
G I J N E N O S L I W A H
M H C O Q K Y D A L I J A
O S G H H K R A K R W S M
R D P N U N J A A C M C I
E R N A I R S M L I N A L
D O O J R R C O T C O L T
R F N R S K A H N D D I O
A F R O P E L W H A N C N
W A E F A R L A N I O I S
D T V G C N S R N I L A U
E S U M M E R S A D A L S
L A N G F O R D J H S M A
S E M A J E L T S A C R N
```

Fanny Price on the Nature of Time and Memory (Excerpt from *Mansfield Park*)

". . . How wonderful, how very wonderful the operations of time, and the changes of the human mind!" And following the latter train of thought, she soon afterwards added: "If any one faculty of our nature may be called *more* wonderful than the rest, I do think it is memory. There seems something more speakingly incomprehensible in the powers, the failures, the inequalities of memory, than in any other of our intelligences. The memory is sometimes so retentive, so serviceable, so obedient; at others, so bewildered and so weak; and at others again, so tyrannic, so beyond control! We are, to be sure, a miracle every way; but our powers of recollecting and of forgetting do seem peculiarly past finding out."

```
E E O P E R A T I O N S Q
L R L O R T N O C K R P E
C U C H A N G E S T A Z P
A T M E M O R Y N T S E R
R A O W O N D E R F U L W
I N T E L L I G E N C E S
M M H F M D T Q T N S R P
Y E E T E E G P E S N E E
T E R B S N A O N E N T A
L S O Z I A Q W T R A T K
U A D D E D P E I U M A I
C K N I H T G R V L U L N
A I T R A I N S E I H Q G
F C I N N A R Y T A K G L
G N I T T E G R O F E M Y
```

31　　Composers of the Regency Era

ARNE	MEYERBEER
BEETHOVEN	MOZART
CARULLI	PAGANINI
CRAMER	PARRY
DIBDIN	PLEYEL
DONIZETTI	ROSSINI
HAYDN	SCHNEIDER
HUMMEL	SCHUBERT
KOTZWARA	SHIELD
LINLEY	SPOHR
LISZT	STERKEL
MENDELSSOHN	WEBER

```
W F A R A W Z T O K B D L
Y C N G H T R A Z O M L L
E N R A P O T E Y Y I E L
D M Y A M A P V B R Y I E
O D T B M M R S V E M H M
N I R E P E D R L E W S M
I B E E Y N R P Y B M D U
Z D B T K D Y E L N I L H
E I U H C A R U L L I F P
T N H O H B S T E R K E L
T Q C V E G J Z Q J H L Y
I D S E I N I S S O R L D
H B R N O I N I N A G A P
V A N H O S S L E D N E M
R E D I E N H C S E R S N
```

Of a <u>Ministry</u> pitiful, <u>angry</u>, <u>mean</u>,
A <u>gallant</u> commander the <u>victim</u> is <u>seen</u>.
For <u>promptitude</u>, <u>vigour</u>, <u>success</u>, does he <u>stand</u>
<u>Condemn'd</u> to receive a <u>severe</u> <u>reprimand</u>!
To his <u>foes</u> I could <u>wish</u> a <u>resemblance</u> in <u>fate</u>:
<u>That</u> they, <u>too</u>, <u>may</u> <u>suffer</u> themselves, <u>soon</u> or <u>late</u>,
The <u>injustice</u> they <u>warrant</u>. But <u>vain</u> is my <u>spite</u>
They <u>cannot</u> so suffer who <u>never</u> do <u>right</u>.

```
V P S U C C E S S R G Z H
I R T A H T A S F A T E T
C O D W I E S O E L E N I
T M C P A T T K P O A I N
I P S B A R B A R L F A J
M T J N E D R Q L P N V U
I I D F S P N A N A E M S
N T F O N E G M N F E J T
I U F E O S V S E T S V I
S D V I Y T O E T D H I C
T E D R H O Y O R S N G E
R D G G N U N A I E C O A
Y N I Y T N K W M M I U C
A R D N A M I R P E R R R
Q J E C N A L B M E S E R
```

BALY-CRAIG

BATH

BOX HILL

BRUNSWICK SQUARE

COBHAM

CROMER

DONWELL ABBEY

DORSET

ENSCOMBE

HARTFIELD

HIGHBURY

IRELAND

KINGSTON

LONDON

MAPLE GROVE

NORFOLK

RANDALLS

RICHMOND

RIVER MOLE

SOUTH-WEST ENGLAND

SOUTHEND

SURREY

WEYMOUTH

YORKSHIRE

```
S U F H T U O M Y E W Y T
B A L Y C R A I G P D O E
A S F E L H E C L J N R S
D U S N B O A D Y T A K R
N R S O B X N R M E L S O
E R C L C O U D N K G H D
H E A B K B M S O I N I N
T Y Y N H L C Y S N E R O
U A Z G D O O Q M G I E M
O U I P M A U F O S H L H
S H E B H A L S R T N A C
R M E L R W I L A O L N I
R O N E P R C B S N N D R
J L O F H A R T F I E L D
Y E B B A L M C R O M E R
```

34 Characters and Places in *Northanger Abbey*

CATHERINE MORLAND

JAMES MORLAND

JOHN THORPE

ISABELLA THORPE

GENERAL TILNEY

ELEANOR TILNEY

FREDERICK TILNEY

HENRY TILNEY

MR. ALLEN

ARGYLE STREET

BATH

BEECHEN CLIFF

CHEAP STREET

EDGAR'S BUILDINGS

FULLERTON

GEORGE STREET

GREAT PULTENEY STREET

LONDON

MILSOM STREET

NORTHANGER ABBEY

OXFORD

PUMP ROOM

WILTSHIRE

WOODSTON

```
H D N A L R O M C N I Q V
E H C T E Y Y D H E A P T
N O T S D O O W E L C M F
R M S T R E E T A L G F N
Y U I J A M E S P A I U H
S V L L Y A R G Y L E R O
C R Y F S E E H C J O G J
O T A E U O B P H N Y E T
T U H G R L M B A J H N Z
H O N G D T L E A C T E P
O X E I E E L E T M A R U
R F O W K E B A R K B A M
P O P Y E N L I T T J L P
E R K J L O N D O N O B W
Y D E R I H S T L I W N A
```

A Lady's Imagination
(Excerpt from *Pride and Prejudice*)

Miss Bingley immediately <u>fixed</u> her eyes on his face, and <u>desired</u> he would tell her what <u>lady</u> had the credit of <u>inspiring</u> such reflections. Mr. <u>Darcy</u> replied with great <u>intrepidity</u>,

"Miss Elizabeth <u>Bennet</u>."

"Miss Elizabeth Bennet!" <u>repeated</u> Miss Bingley. "I am all astonishment. How <u>long</u> has she been such a <u>favourite</u>?—and <u>pray</u> when am I to wish you <u>joy</u>?"

"That is <u>exactly</u> the question which I expected you to <u>ask</u>. A lady's imagination is very <u>rapid</u>; it <u>jumps</u> from admiration to <u>love</u>, from love to matrimony, in a <u>moment</u>. I knew you would be <u>wishing</u> me joy."

"Nay, if you are so serious about it, I shall consider the <u>matter</u> as absolutely <u>settled</u>. You will have a <u>charming</u> mother-in-law, indeed, and of course she will be <u>always</u> at Pemberley with you."

He <u>listened</u> to her with <u>perfect</u> indifference, while she <u>chose</u> to entertain herself in this <u>manner</u>; and as his <u>composure</u> convinced her that all was <u>safe</u>, her wit <u>flowed</u> long.

```
L I S T E N E D A R C Y F
G N I M R A H C D A O H L
P E R F E C T E E C M G O
Y R L A S K R V S R P N W
D T A O B P E O I E O I E
E D I P N E N L R T S H D
T R E D I G N Q E T U S A
A U F X I D A N D A R I Y
E E A J I P M J E M E W L
P A S I U F E M L T Y A T
E L R O L M O R T B A Y C
R W O A H M P M T P R O A
Q A D T E C K S E N P J X
T Y G N I R I P S N I C E
M S T N F A V O U R I T E
```

ASSEMBLY <u>ROOMS</u>

<u>BATH</u> ABBEY

BEECHEN <u>CLIFF</u>

<u>CHARLECOMBE</u>

<u>GAY</u> STREET

<u>GREAT</u> PULTENEY STREET

GREEN <u>PARK</u>

KING'S <u>CIRCUS</u>

LYNCOMBE <u>HILL</u>

<u>PARADE</u> GARDENS

PULTENEY <u>WEIR</u>

<u>PUMP</u> ROOM

RIVER <u>AVON</u>

<u>ROMAN</u> BATHS

ROYAL <u>CRESCENT</u>

<u>SALLY</u> LUNN'S

SYDNEY <u>PLACE</u>

<u>SYDNEY</u> PLEASURE GARDENS

THE <u>PARAGON</u>

THE QUEEN'S <u>SQUARE</u>

THEATRE <u>ROYALE</u>

<u>TRIM</u> STREET

<u>WESTON</u> VILLAGE

<u>WIDCOMBE</u>

```
Q I R M P E A G Z L K N J
E W I A D U P E L V O W V
L R E T V A M I W G R D N
T C W S R O H P A C V K A
S R Y K T Z N R Y H C Y M
R A O A H O A U Q A T B O
G A T Y Y P N W O R E A R
V G R E A T Q C S L B C B
S E N O W L I D Y E M R I
E K R J O R E C D C O E Q
C A Y A C M K L N O C S Y
A K L U U U S I E M D C L
L W S L S Q G F Y B I E L
P A R A D E S F S E W N A
L I Z W E O O S R A S T S
```

Why Emma Woodhouse Always Deserves the Best Treatment (Excerpt from *Emma*)

The <u>contrast</u> between the countenance and air of Mr. <u>Knightley</u> and Robert Martin was, at this <u>moment</u>, so strong to Emma's <u>feelings</u>, and so <u>strong</u> was the <u>recollection</u> of all that had so recently <u>passed</u> on Harriet's side, so <u>fresh</u> the <u>sound</u> of those words, spoken with such <u>emphasis</u>, "No, I hope I know <u>better</u> than to think of <u>Robert</u> Martin," that she was <u>really</u> expecting the <u>intelligence</u> to prove, in some measure, <u>premature</u>. It could not be otherwise.

"Do you <u>dare</u> say this?" cried Mr. Knightley. "Do you dare to <u>suppose</u> me so great a blockhead, as not to <u>know</u> what a <u>man</u> is <u>talking</u> of?—What do you <u>deserve</u>?"

"Oh! I always deserve the <u>best</u> treatment, <u>because</u> I never put up with any <u>other</u>; and, therefore, you <u>must</u> give me a <u>plain</u>, direct <u>answer</u>. Are you quite sure that you understand the <u>terms</u> on which Mr. <u>Martin</u> and <u>Harriet</u> now are?"

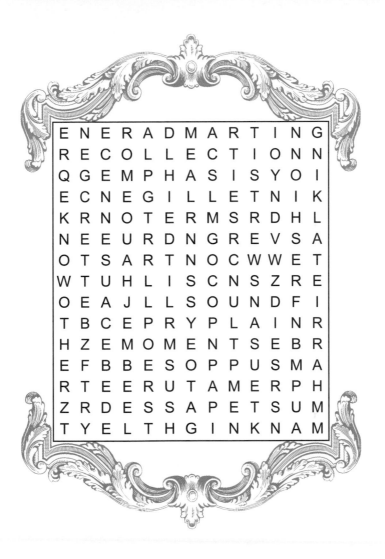

E	N	E	R	A	D	M	A	R	T	I	N	G
R	E	C	O	L	L	E	C	T	I	O	N	N
Q	G	E	M	P	H	A	S	I	S	Y	O	I
E	C	N	E	G	I	L	L	E	T	N	I	K
K	R	N	O	T	E	R	M	S	R	D	H	L
N	E	E	U	R	D	N	G	R	E	V	S	A
O	T	S	A	R	T	N	O	C	W	W	E	T
W	T	U	H	L	I	S	C	N	S	Z	R	E
O	E	A	J	L	L	S	O	U	N	D	F	I
T	B	C	E	P	R	Y	P	L	A	I	N	R
H	Z	E	M	O	M	E	N	T	S	E	B	R
E	F	B	B	E	S	O	P	P	U	S	M	A
R	T	E	E	R	U	T	A	M	E	R	P	H
Z	R	D	E	S	S	A	P	E	T	S	U	M
T	Y	E	L	T	H	G	I	N	K	N	A	M

BEER

BRANDY

CAPILLAIRE

CLARET

COCOA

COFFEE

CORDIAL

EGGNOG

ELDER WINE

HOT CHOCOLATE

LEMON ACID

LEMONADE

MADEIRA

MILK

NEGUS

ORGEAT SYRUP

PORT

PUNCH

RATAFIA

SHERRY

SHRUB

TWININGS TEA

VINEGAR

WALNUT KETCHUP

```
T E R A L C T C P O E E G
N E G U S J O R Z T R E A
Y A C Y E F G A O A N R N
C B R R F V I T G P I J I
A U R E K F P E S E L E J
P Q E A A U N E D H E U R
I U S T N I L A O D R E B
L Y A N V D M U A E E U J
L R S L E C Y N I B J T B
A R J R S E O K B Z A P K
I E P Y G M U R A I F G L
R H U G E P M U D I C A I
E S N L S G N I N I W T M
A O C O C H O C O L A T E
G Z H W A L N U T I H L E
```

COLONEL <u>BERESFORD</u>

CHARLES <u>BLAKE</u>

FANNY <u>CARR</u>

MR. <u>CURTIS</u>

MARY <u>EDWARDS</u>

DR. <u>HARDING</u>

MR. <u>HEMMING</u>

MR. <u>HOWARD</u>

CAPTAIN <u>HUNTER</u>

TOM <u>MUSGRAVE</u>

MR. <u>NORTON</u>

<u>CAPTAIN</u> O'BRIEN

<u>LADY</u> OSBORNE

MR. <u>PURVIS</u>

MRS. <u>SHAW</u>

<u>JACK</u> STOKES

<u>JAMES</u> TOMLINSON

MR. <u>TURNER</u>

ELIZABETH <u>WATSON</u>

<u>EMMA</u> WATSON

<u>MARGARET</u> WATSON

<u>PENELOPE</u> WATSON

<u>SAMUEL</u> WATSON

```
P E V A R G S U M E J L V
E S I U M B M S T A D P U
N M R K C A J W M K M Z T
E F M T U R N E R A H N E
L H F A H I S Z A Y U O R
O E E D W A R D S L N R A
P M W S C U R T I S T T G
E M O H M K J D E N E O R
O I E A C T W V I K R N A
S N G W F F A Q R N A C M
L G C C A P T A I N G L N
S A M U E L S L W A R R B
A H D J D R O F S E R E B
Q E Y Y J Y N D R A W O H
B S P U R V I S C Z V P P
```

Ever musing I delight to tread
The Paths of honour and the Myrtle Grove
Whilst the pale Moon her beams doth shed
On disappointed Love.
While Philomel on airy hawthorn Bush
Sings sweet and Melancholy, And the thrush
Converses with the Dove.

Gently brawling down the turnpike road,
Sweetly noisy falls the Silent Stream—
The Moon emerges from behind a Cloud
And darts upon the Myrtle Grove her beam.
Ah! then what Lovely Scenes appear,
The hut, the Cot, the Grot, and Chapel queer,
And eke the Abbey too a mouldering heap,
Conceal'd by aged pines her head doth rear
And quite invisible doth take a peep.

```
B U S H V E L T R Y M G G
G M U S I N G O R A E R E
N C H A P E L D V W P O V
I D A E H N S I E E D V O
L S M C O T L V G H L E D
W E A D U O L C R R S Y D
A N E H D L A E C N O C A
R I B T S G F P E E P T E
B P S T R E A M O O N Y R
T U R N P I K E L A P E T
D A L L E M O L I H P B E
D O E L B I S I V N I B E
F G N I R E D L U O M A W
R A E P P A H S U R H T S
D E T N I O P P A S I D S
```

Locations Used for *Sense and Sensibility* Screen Adaptations

ADAM HOUSE

BERRY POMEROY

BLICKLING HALL

COMPTON CASTLE

CORNWALL

DEVON

EFFORD HOUSE

FLETE ESTATE HOLIDAY COTTAGES

GREENWICH

LONDON

MOMPESSON HOUSE

MONTACUTE HOUSE

MOTHECOMBE GARDEN COTTAGE

NATIONAL MARITIME MUSEUM

NORWICH

OLD ROYAL NAVAL COLLEGE

PLYMOUTH

SALISBURY

SALTRAM HOUSE

SOMERSET HOUSE

ST MARY'S CHURCH

TRAFALGAR PARK

WILTON HOUSE

WILTSHIRE

H	E	R	I	H	S	T	L	I	W	R	E	C
C	M	A	S	U	K	Z	N	C	Z	S	H	N
I	W	O	S	A	L	I	S	B	U	R	Y	D
W	G	M	N	P	L	Y	M	O	U	T	H	G
R	I	M	A	T	P	T	H	D	L	Y	E	A
O	U	L	U	D	A	L	R	C	E	G	U	R
N	E	L	T	S	A	C	O	A	E	V	K	D
R	Y	Y	V	O	E	R	U	L	M	C	O	E
N	E	R	I	W	N	U	L	T	L	H	R	N
O	N	P	R	W	R	O	M	O	E	U	D	H
D	E	Q	A	E	C	L	U	C	M	R	R	A
N	T	L	G	T	B	M	M	I	E	C	O	L
O	L	G	R	E	E	N	W	I	C	H	F	L
L	R	A	G	L	A	F	A	R	T	C	F	J
T	J	A	O	F	S	O	M	E	R	S	E	T

42

Mrs. Grant Talks of Disappointment to her Sister Mary Crawford (Excerpt from *Mansfield Park*)

"My dear child, there must be a little imagination here. I beg your pardon, but I cannot quite believe you. Depend upon it, you see but half. You see the evil, but you do not see the consolation. There will be little rubs and disappointments everywhere, and we are all apt to expect too much; but then, if one scheme of happiness fails, human nature turns to another; if the first calculation is wrong, we make a second better: we find comfort somewhere—and those evil-minded observers, dearest Mary, who make much of a little, are more taken in and deceived than the parties themselves."

"Well done, sister! I honour your *esprit du corps*. When I am a wife, I mean to be just as staunch myself; and I wish my friends in general would be so too. It would save me many a heartache."

"You are as bad as your brother, Mary; but we will cure you both. Mansfield shall cure you both, and without any taking in. Stay with us, and we will cure you."

```
G E S R E V R E S B O L F
Y F H T O B V C C H I L D
W I S H G I C J R T A P F
D W S E L E B O T U A L S
L R T A K E N L M R B T F
E O A R T S E E T F A S B
I N Y T S R I I R U O N R
F G E A U C E S N A A R O
S R V C I S H C T M L S T
N E Z H G Q H E U E T P H
A T C E P X E H M N R R E
M P E V E I L E B E A O R
I M A G I N A T I O N C G
Y R A M H J O T A K I N G
D G N O I T A L O S N O C
```

43   Subjects in Jane Austen's Letters

AGEING	MARRIAGE
BALLS	MATCH-MAKING
BEAUTY	MONEY
CARRIAGES	MOTHERING
CHILDREN	PAINTING
CLERGY	RELIGION
DEATH	TRAVEL
EDUCATION	VICES
FAMILY	VIRTUES
GAMES	VISITS
HOUSES	WORK
LUXURY	YOUTH

```
A B E A S E G A I R R A C
R E L I G I O N Z V A I G
M A T C H M A K I N G U N
O U B O S I Q S M V E O G
T T S V R E I A I Y I F K
H Y E Q H T S C O T N A M
E W U U S W E U A P G M A
R M T O E S T C O C H I R
I K R O W H U C S H J L R
N T I E S D L E L I Y Y I
G C V J E E Y Y L L R D A
L E V A R T W A A D U E G
T G N G A M E S B R X A E
J E Y M M O N E Y E U T A
G N I T N I A P Z N L H E
```

Sir Edward Denham's Character and Entitlements (Excerpt from *Sanditon*)

Sir Edward's great object in life was to be seductive. With such personal advantages as he knew himself to possess, and such talents as he did also give himself credit for, he regarded it as his duty. He felt that he was formed to be a dangerous man, quite in the line of the Lovelaces. The very name of Sir Edward, he thought, carried some degree of fascination with it. To be generally gallant and assiduous about the fair, to make fine speeches to every pretty girl, was but the inferior part of the character he had to play. Miss Heywood, or any other young woman with any pretensions to beauty, he was entitled (according to his own view of society) to approach with high compliment and rhapsody on the slightest acquaintance. But it was Clara alone on whom he had serious designs; it was Clara whom he meant to seduce.

```
T S E C A L E V O L B S A
R R O B J E C T T B S S R
A H B M E A N T I E B E A
P A E V I T C U D E S S L
T P A H Y H Z U E F L S C
A S U H W T C T R A A O S
L O T D L E T U C I N P P
E D Y O U N G E S R O L E
N Y F O S U O I R E S A E
T W E W E N K D E P R Y C
S L L Y U A E R Y V E J H
V L T E U M G O N Y P N E
H I G H R E D R A W D E S
F N E O D G A L L A N T S
U E F W Y T E I C O S D L
```

45

Characters in *Emma*

MISS BATES	MR. KNIGHTLEY
BRAITHWAITE	MR. WILLIAM LARKINS
COLONEL CAMPBELL	ROBERT MARTIN
FRANK CHURCHILL	MR. PERRY
MRS. CHURCHILL	MRS. SMALLRIDGE
MR. COLE	HARRIET SMITH
AUGUSTA ELTON	MRS. STOKES
PHILIP ELTON	MISS ANNE TAYLOR
JANE FAIRFAX	MRS. WESTON
MRS. GODDARD	MR. WINGFIELD
MISS HARKINS	EMMA WOODHOUSE
ISABELLA KNIGHTLEY	MR. HENRY WOODHOUSE

```
A V Y D R A D D O G M V L
M U N O T S E W P C G A N
M A R T I N E P P Q O O Q
E S K S O K A E I E T L K
N T S N C Q N O G L I N E
A O B I A N J D E S I W C
J K A K A R I V A G I H B
L E T R W R F B H N U S P
H S E A L J E T G R H N E
T I S L D L L F C C E I R
I D A G L E I H P C N K R
M M E A Y E I L K H R R Y
S O B D L L F I A U Y A O
K F P D L E N O L O C H J
N O B R A I T H W A I T E
```

Elinor's Feelings for Edward
(Excerpt from *Sense and Sensibility*)

But Elinor—how are *her* feelings to be described? From the moment of learning that Lucy was married to another, that Edward was free, to the moment of his justifying the hopes which had so instantly followed, she was every thing by turns but tranquil . . .

. . . Edward was now fixed at the cottage at least for a week;— for whatever other claims might be made on him, it was impossible that less than a week should be given up to the enjoyment of Elinor's company, or suffice to say half that was to be said of the past, the present, and the future;—for though a very few hours spent in the hard labor of incessant talking will despatch more subjects than can really be in common between any two rational creatures, yet with lovers it is different. Between *them* no subject is finished, no communication is even made, till it has been made at least twenty times over.

```
F I N I S H E D S N R U T
H O E E R F O S A I D R S
A D L E E Z E P R F O W A
R Y D L N B G O E N L Q E
D A C R O N S I I S D A L
M R T U I W F L V D L E H
E P A K L E E T W E N T Y
R O L W G E Y D S S N S R
U A A S D K S S M C Y T E
T L N Y R E I U I R N C V
U O O Z M U H B A I A E F
F V I I U Z O L L B P J I
A E T H I N G H C E M B X
T R A N Q U I L K D O U E
Z S R D I N O M M O C S D
```

ADELAIDE CRESCENT,
BRIGHTON AND HOVE

ALL SOUL'S CHURCH,
LONDON

ASHRIDGE ESTATE,
HERTFORDSHIRE

ASSEMBLY ROOMS, BATH

BRIGHTON PAVILION,
BRIGHTON AND HOVE

BRUNSWICK SQUARE,
BRIGHTON AND HOVE

BURLINGTON ARCADE,
LONDON

CARLTON HOUSE, LONDON

CLARENCE HOUSE,
LONDON

LANSDOWNE CRESCENT,
ROYAL LEAMINGTON
SPA

LEWES CRESCENT,
BRIGHTON AND HOVE

PARK CRESCENT, LONDON

POWIS SQUARE,
BRIGHTON AND HOVE

REGENT STREET, LONDON

ROYAL CRESCENT, BATH

SOUTHWARK BRIDGE,
LONDON

THE PARADE, ROYAL
LEAMINGTON SPA

VAUXHALL BRIDGE,
LONDON

```
E Z T P L E E L Q N V R N
D N A F D E B E O R S E O
Y R W A L Z H T V O S G I
K D C O A H L J U O L E L
G R D K D R H T E M H N I
A N N S A S H C P S J T V
Z O I C Y W N G J O I K A
P D Q O A E D A J V W C P
K N C R R O Y A L A D I O
P O K A Q S I B R U M W S
A L L H A F E D J X G S S
R C T U T O H W Q H F N O
A A I E T A T S E A J U U
D D I H E N B Y F L K R L
E E D I A L E D A L R B S
```

```
A R D N A S S A C K C O M
B K S Y O R E N Y L E V E
W E O E E F R A N K M N
P J S T R T L C A B N S I
P O S T D U L F E E T H A
A I Y B G R T D R R C M P
S E T P J N L N E I M U T
T T E T P Y S T E E D Q E
H S N L E A C E N V Y A N
G A U L T H H E S N D D A
I H R O D T M T E O A A H
N A G Y N O I M Y B R P T
H H J D C W Y L A T N E V
N E E R G H D N E I R F P
E D G A R P O P H A M S P
```

49 Captain Wentworth and Anne Elliot's Perpetual Estrangement
(Excerpt from *Persuasion*)

They had no <u>conversation</u> together, no intercourse but what the commonest civility required. Once so <u>much</u> to each <u>other</u>! Now <u>nothing</u>! There had been a <u>time</u>, when of all the <u>large</u> <u>party</u> now <u>filling</u> the drawing-room at <u>Uppercross</u>, they would have found it most <u>difficult</u> to <u>cease</u> to speak to one another. With the exception, <u>perhaps</u>, of <u>Admiral</u> and Mrs. <u>Croft</u>, who seemed particularly <u>attached</u> and happy, (<u>Anne</u> could <u>allow</u> no other exceptions even <u>among</u> the married <u>couples</u>), there could have been no two <u>hearts</u> so <u>open</u>, no <u>tastes</u> so similar, no <u>feelings</u> so in <u>unison</u>, no countenances so <u>beloved</u>. Now they were as <u>strangers</u>; nay, <u>worse</u> than strangers, for they could <u>never</u> become <u>acquainted</u>. It was a <u>perpetual</u> estrangement.

```
S U P P E R C R O S S L D
D T E S R O W E P C A I G
E F O P E N M A E R F N N
T E Q A O I R A I F I O J
N E G H T T S M I H S Q N
I L D R Y E D C T I W E G
A I E E A A U O N W V N N
U N H P V L N U T E O N I
Q G C L T O I P R M M F L
C S A N N E L L A P U R L
A S T R A N G E R S C E I
N R T F O R C S B E H H F
H E A R T S S E T S A T R
E C O N V E R S A T I O N
S W O L L A U T E P R E P
```

ANISEED

BEESWAX LIP SALVE

ELECTUARY

ELIXIR

GUM ARABIC

HERBAL TEA

HONEY

LIQUORICE

LOZENGE

OINTMENT

PERFUME ÉTUI

PLAISTER

POT-POURRI

POULTICE

SCENTED SACHET

SMELLING SALTS

SOAP AND WATER

SPONGE BATH

SWEET BAG

SYRUP

TAMARIND

TINCTURE

TOOTH POWDER

VINAIGRETTE

```
T J E K G P P P D T I H E
V E B C U B L N N P L T T
I G H R I A I E S O A O Z
N K Y C I R M L Z A C O M
A S P S A T O E S A L T S
I D T M N S N U P W V V R
G E A I C G T N Q P T I E
R T O R E E H A E I X E P
E L E C T U A R Y I L A R
T S W E E T F M L M H V Y
T I N C T U R E T H U O E
E E S N M T H S Q U R G N
B R A E C I T L U O P D O
I R R U O P T O P B A T H
R E T A W D E E S I N A J
```

51   Lady Susan Vernon to Mrs. Johnson
(Excerpt from *Lady Susan*)

I have <u>avoided</u> all general flirtation <u>whatever</u>; I have distinguished no <u>creature</u> besides, of all the <u>numbers</u> resorting <u>hither</u>, <u>except</u> Sir James <u>Martin</u>, on whom I <u>bestowed</u> a little notice, in <u>order</u> to <u>detach</u> him from Miss <u>Mainwaring</u>; but, if the <u>world</u> could know my <u>motive</u> THERE they would <u>honour</u> me. I have been <u>called</u> an unkind <u>mother</u>, but it was the <u>sacred</u> <u>impulse</u> of maternal affection, it was the <u>advantage</u> of my daughter that led me on; and if that <u>daughter</u> were not the <u>greatest</u> simpleton on <u>earth</u>, I <u>might</u> have been <u>rewarded</u> for my <u>exertions</u> as I <u>ought</u>.

```
D E W O T S E B G E L R R
I X H R E W A R D E D E H
M E A E G A T N A V D A C
P R T T S E T A E R G C A
U T E Z T H G U O U D M T
L I V O V T C R S O E A E
S O E H P S E B C N D I D
E N R E D T R A D O I N E
V S C L H E L E Z H O W R
B X R G V L M Q B M V A U
E O U I E O G B B M A R T
W A T D T H G I M C U I A
D O R H I T H E R H E N E
M W E T N I T R A M Q G R
V R H M H L S A C R E D C
```

52　Actors Portraying Jane Austen Characters

DAVID <u>BAMBER</u>

CRISPIN BONHAM-CARTER

JAMES <u>COSMO</u>

ALAN <u>CUMMING</u>

COLIN <u>FIRTH</u>

JAMES <u>FLEET</u>

RUPERT <u>FRIEND</u>

HUGH <u>GRANT</u>

<u>RICHARD</u> E. GRANT

ROBERT <u>HARDY</u>

ANTHONY <u>HEAD</u>

TOM <u>HOLLANDER</u>

MATTHEW <u>MACFADYEN</u>

<u>KRIS</u> MARSHALL

<u>JONNY</u> LEE MILLER

JEREMY <u>NORTHAM</u>

JAMES <u>PUREFOY</u>

ALAN <u>RICKMAN</u>

<u>DONALD</u> SUTHERLAND

BENJAMIN <u>WHITROW</u>

TOM <u>WILKINSON</u>

GREG <u>WISE</u>

SIMON <u>WOODS</u>

```
Y O F E R U P R T N A R G
G W O D N E I R F D R A Y
B N I H W H I T R O W Q F
B P I L O C S D O O W N E
R A D M K L P D L A N O D
O T M M M I L E Y I E R R
J T A B P U N A P Z P T A
J N Y V E B C S N M T H H
I F L H T R I F O D N A C
A L R W A R C E A N E M I
J E M A C F A D Y E N R R
O E R C R D E D C O S M O
N T I I A U R S K G Z P O
N H S E U A G S I R K C F
Y D H A H S D V E W C Z K
```

53 Emma Moralises about Silliness
(Excerpt from *Emma*)

"I do not know <u>whether</u> it ought to be so, but <u>certainly</u> silly things do <u>cease</u> to be silly if they are done by <u>sensible</u> people in an <u>impudent</u> way. <u>Wickedness</u> is always wickedness, but <u>folly</u> is not always folly.—It depends upon the <u>character</u> of those who <u>handle</u> it. Mr. Knightley, he is *not* a <u>trifling</u>, silly <u>young</u> <u>man</u>. If he were, he would have done this <u>differently</u>. He would <u>either</u> have <u>gloried</u> in the <u>achievement</u>, or been <u>ashamed</u> of it. There would have been either the <u>ostentation</u> of a <u>coxcomb</u>, or the <u>evasions</u> of a mind too <u>weak</u> to defend its own <u>vanities</u>.—No, I am <u>perfectly</u> sure that he is not trifling or <u>silly</u>."

```
L K R E T C A R A H C O Y
T N E M E V E I H C A E L
B R W I C K E D N E S S T
M E E S M Y G S M C M C C
O H W H D P N L E B T E E
C T H J T O U R O R Z A F
X I U A I E T D I R W S R
O E N S N A H F E E I E E
C B A S I D L W A N B E P
R V M N J I L K Q Q T V D
E Y L T N E R E F F I D S
Q Y T G V A N I T I E S I
O S T E N T A T I O N N L
Y L L O F A S H A M E D L
E L B I S N E S G N U O Y
```

Characteristics and Writing Styles of *Juvenilia*

ABSURD

BOISTEROUS

CHARMING

COMIC

EXAGGERATION

FARCICAL

FLIMSY

GLEEFUL

GROTESQUE

IRONY

MISSPELLING

NONSENSE

PARODY

PERVERSE

PLAYFUL

PUNS

RANDOM

RHYTHMIC

SATIRE

SNARKY

SPIRITED

WITTY

WORD GAMES

```
W R H Y T H M I C T V K S
G N I L L E P S S I M L N
B W O R D G A M E S F A U
N O I T A R E G G A X E P
J E I R O N Y C O M I C P
C U L S D N O N S E N S E
H Q A W T E L A T T J S R
A S C U O E T U B G N U V
R E I D P I R I F A S F E
M T C D R A F O R E L D R
I O R E R Z R K U I E W S
N R A C L U Y O M S P L E
G G F T Y Y S S D M F S G
R A N D O M Y B Y Y A R S
Y T T I W J P L A Y F U L
```

55 *Miss Lloyd has now went to Miss Green*

Miss Lloyd has now sent to Miss Green,
As, on opening the box, may be seen,
Some years of a Black Ploughman's Gauze,
To be made up directly, because
Miss Lloyd must in mourning appear
For the death of a Relative dear—
Miss Lloyd must expect to receive
This license to mourn and to grieve,
Complete, ere the end of the week—
It is better to write than to speak.

```
S S N A M H G U O L P Z N
N J K U G D I R E C T L Y
E W S A K G V T N E S W K
N T U A U M R W E E K L L
E Z E B H G O E A T C L I
E P M T M E T U E S A O C
S R A A R I T I R N L Y E
S E D O R E U E B N B D N
D E L W P Y V Y L E I Z S
S R A E Y E I I T P T N E
A S J C I R N T T C M F G
E Z S R T L E I E A N O S
F N G I K R H P N M L P C
H C D B M P X Q H G H E V
E V I E C E R A E P P A R
```

AN ASSEMBLY SUCH AS THIS

AUSTENLAND

AYESHA AT LAST

BRIDGET JONES'S DIARY

CONFESSIONS OF A JANE AUSTEN ADDICT

DEATH COMES TO PEMBERLEY

ELIGIBLE

FIRST AND THEN

LIZZY AND JANE

LONGBOURN

MR. DARCY'S DIARY

PERSUADING ANNIE

PRIDE

PRIDE AND PREJUDICE AND ZOMBIES

PRIDE AND PREMEDITATION

PROM AND PREJUDICE

SUSPENSE AND SENSIBILITY

THE AUSTEN ESCAPE

THE JANE AUSTEN BOOK CLUB

THE LOST MEMOIRS OF JANE AUSTEN

THE OTHER BENNET SISTER

```
Y S R I O M E M I D H U D
A Z D E S N E P S U S Y N
G Y Z O M B I E S V H L A
P N E I Y W B I Z R E B L
B R O S L I H U E C L M N
K U O W H T Q T L N B E E
O O V M B A S H E C I S T
O B A N N I E H F T G S S
B G L O S G T L S R I A U
J N Z I S Y C R A D L R A
N O I T A T I D E M E R P
D L D O T F D E D I R P J
D I A R Y I J A Q J B A K
I E P A C S E T U F N I L
L A S T H T I H R E H T O
```

57 Isabella Thorpe Explains her Convictions about Friendship to Catherine Morland (Excerpt from *Northanger Abbey*)

". . . There is <u>nothing</u> I would not do for those who are <u>really</u> my <u>friends</u>. I have no <u>notion</u> of <u>loving</u> people by <u>halves</u>; it is not my nature. My <u>attachments</u> are always excessively <u>strong</u>. I <u>told</u> Captain <u>Hunt</u> at one of our <u>assemblies</u> this <u>winter</u> that if he was to <u>tease</u> me all <u>night</u>, I would not <u>dance</u> with him, <u>unless</u> he would <u>allow</u> Miss Andrews to be as beautiful as an <u>angel</u>. The men think us <u>incapable</u> of real friendship, you <u>know</u>, and I am <u>determined</u> to show them the <u>difference</u>. Now, if I were to <u>hear</u> anybody <u>speak</u> <u>slightingly</u> of you, I should <u>fire</u> up in a <u>moment</u>: but that is not at all <u>likely</u>, for *you* are <u>just</u> the <u>kind</u> of girl to be a great <u>favourite</u> with the men."

```
S T N E M H C A T T A G M
S D N E I R F A L L O W O
D D K N O W Y T O E J Y M
S N E V U L D T V G W L E
E A I T E N H A I N I G N
I Y D K E G L Y N A N N T
L L I N I R O E G C T I S
B L F N O H M E S A E T H
M A F I F I D I T S R H A
E E E I K L T S N O S G L
S R R A O V U O N E C I V
S E E T K J C G N H D L E
A P N N O T H I N G E S S
H J E L B A P A C N I E R
```

Locations Used for *Emma* Screen Adaptations

ALL SAINTS CHURCH

CAME HOUSE

CHAVENAGE HOUSE

CHELTENHAM

COTSWOLDS

DORKING

DORSET

FIRLE PLACE

GLOUCESTERSHIRE

GODALMING

KINGSTON BAGPUIZE HOUSE

LEITH HILL

LEWES

LOWER SLAUGHTER

OXFORDSHIRE

RAMSTER HALL

SALISBURY

SOUTH DOWNS

SQUERRYES COURT

ST PAUL'S WALDEN

SUSSEX

TETBURY

WESTERHAM

WILTON HOUSE

```
H M A H R E T S E W T G N
T Z V H E G S W W J E L H
I P A U L S S U V T S O F
E L W I L T O N O G R U I
L C H U R C H Q U H O C R
S M K I N G S T O N D E L
D U G N I M L A D O G S E
L S S A L I S B U R Y T G
O Z E S V F W S T B R E N
W E H W E G C N R Y U R I
S Y N D E X A W U Q B S K
T R E W O L M O O J T H R
O H P S H M E D C B E I O
C H E L T E N H A M T R D
E R I H S D R O F X O E G
```

ABERAERON

BATH

BRIGHTON AND HOVE

BUXTON

CHELTENHAM

CLIFTON

DAWLISH

GRAINGER TOWN

HASTINGS

LITTLE VENICE

LYME REGIS

NEWCASTLE UPON TYNE

PIMLICO

POUNDBURY

RAMSGATE

REGENT'S PARK

ROYAL LEAMINGTON SPA

SCARBOROUGH

SIDMOUTH

TENBY

TORQUAY

TUNBRIDGE WELLS

WEYMOUTH

WORTHING

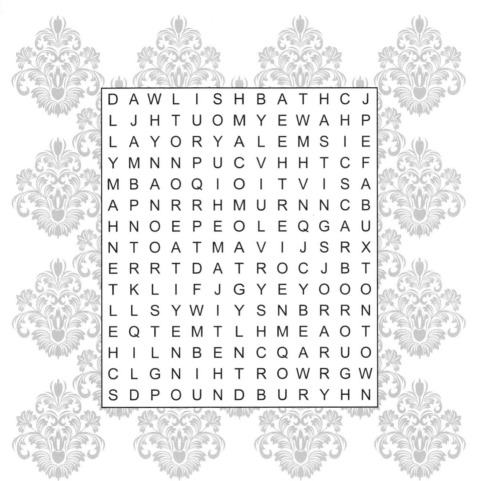

```
D A W L I S H B A T H C J
L J H T U O M Y E W A H P
L A Y O R Y A L E M S I E
Y M N N P U C V H H T C F
M B A O Q I O I T V I S A
A P N R R H M U R N N C B
H N O E P E O L E Q G A U
N T O A T M A V I J S R X
E R R T D A T R O C J B T
T K L I F J G Y E Y O O O
L L S Y W I Y S N B R R N
E Q T E M T L H M E A O T
H I L N B E N C Q A R U O
C L G N I H T R O W R G W
S D P O U N D B U R Y H N
```

60

Elizabeth and Mr. Darcy Muse on How Their Love Began (Excerpt from *Pride and Prejudice*)

Elizabeth's <u>spirits</u> soon rising to playfulness <u>again</u>, she wanted Mr. <u>Darcy</u> to account for his having ever <u>fallen</u> in love with her. "How could you <u>begin</u>?" said she. "I can <u>comprehend</u> your going on <u>charmingly</u>, when you had once <u>made</u> a beginning; but what could set you off in the first <u>place</u>?"

"I cannot <u>fix</u> on the hour, or the <u>spot</u>, or the <u>look</u>, or the <u>words</u>, which laid the <u>foundation</u>. It is too long ago. I was in the <u>middle</u> <u>before</u> I knew that I *had* <u>begun</u>."

"My <u>beauty</u> you had early <u>withstood</u>, and as for my <u>manners</u>— my <u>behaviour</u> to *you* was at least always <u>bordering</u> on the <u>uncivil</u>, and I never <u>spoke</u> to you without rather <u>wishing</u> to give you <u>pain</u> than not. Now be <u>sincere</u>; did you <u>admire</u> me for my <u>impertinence</u>?"

"For the <u>liveliness</u> of your <u>mind</u>, I did."

```
F W F O U N D A T I O N Y
S U E R E C N I S M I N D
B N S P I R I T S P O K E
O C C O M P R E H E N D A
R I L E C A L P T R I D D
D V W I S D R O W T G A M
E I I I V B S A B I E R I
R L T M S E Y G E N B C R
I M H I P H L A G E E Y E
N A S D X A I I U N T K F
G N T D I V I N N C O O A
E N O L F I B N G E P O L
D E O E R O F E B L S L L
A R D Y T U A E B M I S E
M S C H A R M I N G L Y N
```

Characters in *Sanditon*

LETITIA BEAUFORT

CLARA BRERETON

LADY DENHAM

SIR EDWARD DENHAM

ESTHER DENHAM

SIR HARRY DENHAM

MRS. CHARLES DUPUIS

MRS. GRIFFITHS

WILLIAM HEELY

CHARLOTTE HEYWOOD

MR. HILLIER

MR. HOLLIS

MISS LAMBE

MISS MERRYWEATHER

FANNY NOYCE

ARTHUR PARKER

DIANA PARKER

MARY PARKER

SIDNEY PARKER

SUSAN PARKER

THOMAS PARKER

MISS SCROGGS

MRS. WHITBY

R	E	H	T	A	E	W	Y	R	R	E	M	K
Y	R	R	A	H	H	D	O	T	D	H	N	S
H	E	G	Q	E	L	C	U	J	J	O	H	C
L	I	I	E	F	A	N	N	Y	J	T	E	L
L	A	L	G	O	D	A	N	A	I	D	Y	A
A	Y	G	L	N	Y	Y	M	F	Z	R	W	R
M	Y	Y	B	I	R	R	F	P	S	H	O	A
B	J	I	K	E	E	I	D	U	I	S	O	I
E	H	Y	K	H	R	R	S	T	G	I	D	T
D	S	R	T	G	D	A	B	M	L	D	H	I
U	A	S	L	U	N	Y	O	Y	T	N	R	T
P	E	W	M	R	U	H	T	R	A	E	J	E
U	I	N	M	A	H	N	E	D	L	Y	B	L
I	O	J	D	O	R	S	C	R	O	G	G	S
S	I	L	L	O	H	Y	U	W	W	R	H	J

62   Excerpt from *When Stretch'd on One's Bed*

When stretch'd on one's bed
With a fierce-throbbing head,
Which precludes alike thought or repose,
How little one cares
For the grandest affairs
That may busy the world as it goes!

How little one feels
For the waltzes and reels
Of our Dance-loving friends at a Ball!
How slight one's concern
To conjecture or learn
What their flounces or hearts may befall.

```
B O B D S E Z T L A W I T
A T N A L I K E W H T I W
L H R W P R E C L U D E S
L A E U T H O U G H T G M
H T C L H O W W J C O R F
C O N J E C T U R E B A L
E M O A S L A Q S E S N O
N L C H B L S R F N T D U
R R T U E D I A E A R E N
A R S T N A L G F S E S C
E Y E E I L R F H L T T E
L H I P G L A T W T C A S
A R E G O I P D S G H H J
F U S A R S L E E F D W F
F O R S D T E B S L E E R
```

ALBEMARLE STREET

ASTLEY'S AMPHITHEATRE

BERKELEY STREET

BLOOMSBURY

BRUNSWICK SQUARE

CARLTON HOUSE

CORK STREET

COVENT GARDEN

DRURY LANE THEATRE

GRACECHURCH STREET

GROSVENOR STREET

HANS PLACE

HENRIETTA STREET

KENSINGTON GARDENS

MARYLEBONE

MAYFAIR

REGENT'S PARK

RUSSELL SQUARE

SLOANE STREET

ST CLEMENT'S CHURCH

THE BRITISH LIBRARY

TWINING'S TEA SHOP

WESTMINSTER ABBEY

WIMPOLE STREET

```
Y K T G A S T L E Y S Z Y
R P R R Z R S Q U A R E Y
U D V O Y E L E K R E B Y
R Q A S C E L O P M I W S
D Q B V E S U O H H A N S
A L B E R M A R L E E H G
N I E N R K P G T D E F E
T B Y O Q O I N R N S S N
E R L R H A E A R U M H A
E A L S T V G I K A C Y O
R R E N O B E L Y R A M L
T Y S C H T E F U S A Y S
S T S H T E A H D Q M P O
D I U A O I C P J P N I C
G R R Y R U B S M O O L B
```

64

Mary Crawford Asserts Fanny Price should be Flattered by her Brother's Proposal (Excerpt from *Mansfield Park*)

"Ah! I cannot deny it. He has now and then been a sad flirt, and cared very little for the havoc he might be making in young ladies' affections. I have often scolded him for it, but it is his only fault; and there is this to be said, that very few young ladies have any affections worth caring for. And then, Fanny, the glory of fixing one who has been shot at by so many; of having it in one's power to pay off the debts of one's sex! Oh! I am sure it is not in woman's nature to refuse such a triumph."

Fanny shook her head. "I cannot think well of a man who sports with any woman's feelings; and there may often be a great deal more suffered than a stander-by can judge of."

```
F F T H I N K G N I R A C
D A S H K S I H T S C Y G
T U N S A O T I N C O S N
L A W N N V O B W O V U I
A O E L Y O I H E L A F X
D F Y R W Y I N S D H F I
I T Y B G O O T G E S E F
E E N A T U R E C D S R G
S N T F X N T S W E J E N
Y E T E Y G J O T G F D I
R G S R H P M U I R T F K
O D S Z I A U K S H O T A
L U U U N L Y N E D E P M
G J O S R V F A U L T A S
A Y P O W E R E F U S E D
```

Locations Used for *Pride and Prejudice* Screen Adaptations

BASILDON PARK

BELTON HOUSE

BROCKET HALL

BURGHLEY HOUSE

CHATSWORTH HOUSE

CHICHELEY HALL

EDGCOTE HALL

GROOMBRIDGE PLACE

HADDON HALL

LACOCK ABBEY

LORD LEYCESTER HOSPITAL

LUCKINGTON COURT

LYME PARK

NORTH LEES HALL

RUTLAND

ST GEORGE'S SQUARE, STAMFORD

STAMFORD

STANAGE EDGE

STOURHEAD GARDEN

SUDBURY HALL

THE ROACHES

WEEKLEY

WILTON HOUSE

WILTSHIRE

```
C A N G L A T I P S O H E
S Y M R O A C H E S U Q V
C U C N E D G E D T T C A
H A D D O N O R T H S H B
T B H B S T O J N Q E I B
R P U W U F L O K R R C E
U H W R M R T I M U I H Y
O Q S A G L Y E W T H E E
C A T D E H I I C L S L S
U S Y B P D L I N A T E U
S Q U A R E G E G N L Y O
H L R I G C D C Y D I P H
A K Y L O R D C O B W H E
L P R M A L R K H T P T K
L L L G E W E E K L E Y K
```

AMERICAN REVOLUTION

ANGLO-SPANISH WAR

BEETHOVEN COMPOSED "MOONLIGHT" SONATA

BIFOCALS INVENTED BY BENJAMIN FRANKLIN

BOSTON TEA PARTY

FIRST FLEET SAILED TO AUSTRALIA

FRENCH REVOLUTION

GASLIGHT INTRODUCED IN LONDON

HAWAIIAN ISLANDS DISCOVERED

JAMES WATT PATENTED STEAM ENGINE

KING GEORGE III DECLARED INSANE

METRIC SYSTEM ADOPTED IN FRANCE

MOZART PREMIERED "THE MARRIAGE OF FIGARO"

NAPOLEON BECAME EMPEROR OF FRANCE

STORMING OF THE BASTILLE, PARIS

TREATY OF PARIS

UNITED KINGDOM OF GREAT BRITAIN AND IRELAND FORMED

URANUS DISCOVERED BY WILLIAM HERSCHEL

US CONSTITUTION WRITTEN

```
E M P E R O R M E T S Y S
Y S W I S L A N D S T S R
T A K F E J I P M H I T L
R S Q R Z L K A G R D A E
A A L E K B E I A G E E H
P M L N L T L P I W M L C
C E A C S N C I R B R F S
G R Y H O W I I A N O N R
F I T O U E T S G M F O E
Y C M A G T T U C O T T H
H A C R E I J R N Z T S Z
R N O N L R K A T A S O O
T E L L F N G N W R V B M
G T E E L F Y U M T Y R R
O G M S F G A S L I G H T
```

67 Elizabeth Speaks to Jane about Love
(Excerpt from *Pride and Prejudice*)

"Nay," said Elizabeth, "this is not fair. *You* wish to think all the world respectable, and are hurt if I speak ill of anybody. *I* only want to think *you* perfect, and you set yourself against it. Do not be afraid of my running into any excess, of my encroaching on your privilege of universal good-will. You need not. There are few people whom I really love, and still fewer of whom I think well. The more I see of the world, the more am I dissatisfied with it; and every day confirms my belief of the inconsistency of all human characters, and of the little dependence that can be placed on the appearance of merit or sense. I have met with two instances lately, one I will not mention; the other is Charlotte's marriage. It is unaccountable! In every view it is unaccountable!"

```
V  D  E  I  F  S  I  T  A  S  S  I  D
I  Q  A  P  P  E  A  R  A  N  C  E  C
E  R  E  H  T  C  O  N  F  I  R  M  S
W  L  N  L  E  N  W  K  V  Q  W  A  W
S  L  B  K  L  A  S  E  K  A  O  R  A
T  A  L  A  T  T  F  B  L  Q  R  R  N
E  S  E  V  T  S  E  E  E  L  L  I  T
M  R  L  N  I  N  H  V  W  L  D  A  P
M  E  P  R  L  I  U  U  E  E  I  G  E
E  V  O  L  U  S  M  O  R  R  R  E  R
N  I  E  Z  E  N  A  F  C  T  Y  T  F
T  N  P  N  D  J  N  A  C  C  Y  H  E
I  U  S  L  T  S  N  I  A  G  A  I  C
O  E  X  C  E  S  S  R  N  N  N  T
N  Y  D  O  B  Y  N  A  K  G  Z  K  U
```

BATH

CAMDEN PLACE

DORSETSHIRE

GAY STREET

GREAT HOUSE

KELLYNCH HALL

LAURA PLACE

LYME REGIS

MILSOM STREET

MONKFORD

NORTH PARADE

OCTAGON ROOM

ORANGE GROVE

PUMP ROOM

QUEEN SQUARE

SHROPSHIRE

SOMERSETSHIRE

SOUTH PARK

THE OLD BRIDGE

THORNBERRY PARK

UPPER ASSEMBLY ROOMS

UPPERCROSS

WINTHROP

```
S S O R C R E P P U M Z D
D Q V M D E H A L L O O E
Y G A S S E M B L Y R D R
A Q M P D O H N P S S S I
G U A L S L B O E R N H H
M R K L P B R T L P R R S
K Y I N A H S S D D S O T
N M A T T H D R Z C S P E
O C H N I S O K T A E S S
G O I R O F H J A M G H R
A W E U K S K P E D N I E
T D T N O R T H R E A R M
C H O H M O O R G N R E O
O M J A R U A L O U O L S
S I G E R I Q U E E N V I
```

Excerpt from *My Dearest Frank, I Wish You Joy*

My <u>dearest</u> Frank, I wish you <u>joy</u>
Of Mary's <u>safety</u> with a <u>Boy</u>,
Whose <u>birth</u> has <u>given</u> little <u>pain</u>
<u>Compared</u> with that of Mary <u>Jane</u>.—
May he a <u>growing</u> Blessing <u>prove</u>,
And well <u>deserve</u> his <u>Parents'</u> Love!—
<u>Endow'd</u> with <u>Art's</u> and <u>Nature's</u> Good,
Thy Name <u>possessing</u> with thy <u>Blood</u>,
In <u>him</u>, in all his <u>ways</u>, may we
<u>Another</u> Francis <u>William</u> see!—
Thy <u>infant</u> days may he <u>inherit</u>,
They <u>warmth</u>, nay <u>insolence</u> of <u>spirit</u>;—
We <u>would</u> not with one <u>foult</u> <u>dispense</u>
To <u>weaken</u> the <u>resemblance</u>.

```
G I V E N C M A I L L I W
N H T M R A W I W O U L D
D E A R E S T I R I P S F
W E A K E N J U B W J T P
N G R E H W M O R J A W O
A I N A C T Y I O E G Y S
R N A I P N R Y H V S T S
T H O P W M E I E O D N E
S E P T F O O L B R W A S
B R U A H H R C O P O F S
L I B H R E C G Q S D N I
O T D E S E R V E Y N I N
O D I S P E N S E N E I G
D F O U L T Y T E F A S N
E C N A L B M E S E R J G
```

Flowers

ANEMONE

CENTAUREA

CLEMATIS

COLUMBINE

CORNFLOWER

CROCUS

DAFFODIL

DAHLIA

DAISY

LABURNUM

LAVENDER

LILAC

LILY

MOCK ORANGE

NIGELLA

PANSY

PEONY

PHILADELPHUS

ROSE

STAR JASMINE

SWEET PEA

SWEETBRIAR

VIOLA

```
E R A I R B T E E W S L M
P N M O C K O R A N G E U
D H O Y C R O C U S N S N
C A I M N Y V E C I I W R
Y E I L E O N I M E R B U
S P N S A N E S O E D C B
H T M T Y D A P W L O L A
R E K G A J E O C L A E L
N E I E R U L L U N H M I
I W D A A F R M P C U A D
G S T N N I B E A H Y T O
E S O R E I L L A S U I F
L K O P N V I H N O U S S
L C U E N L A A A F J N A
A Y L I L O P L H D V Y D
```

71 Emma Watson and her Sister Elizabeth Discuss the Appeal of Tom Musgrave (Excerpt from *The Watsons*)

"And so you <u>really</u> did not dance with Tom <u>Musgrave</u> at all, but you <u>must</u> have liked him—you must have been <u>struck</u> with him <u>altogether</u>?"

"I do *not* like him, <u>Elizabeth</u>. I allow his <u>person</u> and air to be <u>good</u>; and that his manners to a <u>certain</u> point—his <u>address</u> rather—is <u>pleasing</u>. But I see nothing else to <u>admire</u> in him. On the <u>contrary</u>, he seems very <u>vain</u>, very <u>conceited</u>, absurdly <u>anxious</u> for distinction, and absolutely contemptible in some of the <u>measures</u> he takes for being so. There is a ridiculousness <u>about</u> him that <u>entertains</u> me; but his company gives me no other agreeable <u>emotion</u>."

"My dearest <u>Emma</u>! You are like <u>nobody</u> else in the <u>world</u>. It is well Margaret is not by. You do not <u>offend</u> *me*, though I <u>hardly</u> know how to <u>believe</u> you; but <u>Margaret</u> would never forgive <u>such</u> <u>words</u>."

```
T T S U M S T R U C K G G
R E A L L Y B E L I E V E
E B Y A D L R O W O R D S
N M M D P S E R U S A E M
T M O R O R U A V A N L U
E A Y T I B B G P D X I S
R R L M I O O G E D I Z G
T G D F U O N N R R O A R
A A R T D I N C S E U B A
I R A P S O E R O S S E V
N E H A B R F C N S W T E
S T E V T N W F S U C H I
D L A A L T O G E T H E R
P I I O Y R A R T N O C T
N N C O N C E I T E D O B
```

CHARLES <u>ADAMS</u>

CASSANDRA ELIZABETH <u>AUSTEN</u>

HENRY <u>CECIL</u>

MR. <u>CLIFFORD</u>

MR. <u>DAVENPORT</u>

CHARLOTTE <u>DRUMMOND</u>

<u>ELFRIDA</u> FALKNOR

JEZALINDA <u>FITZROY</u>

LADY <u>GREVILLE</u>

LADY JANE <u>GREY</u>

HENRIETTA <u>HALTON</u>

<u>SOPHY</u> HAMPTON

<u>GEORGE</u> HERVEY

MRS. <u>HUMBUG</u>

<u>ALICE</u> JOHNSON

MATILDA <u>LESLEY</u>

SIR <u>WILLIAM</u> MONTAGUE

CATHARINE <u>PERCIVAL</u>

<u>PISTOLETTA</u>

SIR <u>EDWARD</u> SPANGLE

GEORGIANA <u>STANHOPE</u>

<u>MARY</u> STANHOPE

<u>LADY</u> WILLIAMS

<u>CLOE</u> WILLOUGHBY

R	C	A	S	S	A	H	A	Z	T	G	N	Q
N	D	N	O	M	M	U	R	D	E	P	N	D
H	I	B	M	V	Y	A	D	O	L	E	R	R
A	U	S	T	E	N	A	D	G	L	R	F	A
T	N	P	R	L	D	G	U	A	I	C	Y	W
R	A	G	I	I	I	B	D	Y	V	I	O	D
O	N	D	R	S	M	C	D	Y	E	V	R	E
P	Q	F	R	U	T	A	E	C	R	A	Z	P
N	L	M	H	O	U	O	I	C	G	L	T	O
E	A	Y	A	G	F	L	L	L	B	G	I	H
V	D	Y	H	R	A	F	H	E	L	O	F	N
A	Y	Z	L	P	Y	S	I	S	T	I	J	A
D	F	E	G	R	O	E	G	L	F	T	W	T
Q	C	L	O	E	A	S	A	E	C	M	A	S
I	I	H	A	L	T	O	N	Y	I	I	N	T

73 Mr. Parker's Commendations about the Sea
(Excerpt from *Sanditon*)

He held it indeed as certain that no person could be really well, no person (however upheld for the present by fortuitous aids of exercise and spirits in a semblance of health) could be really in a state of secure and permanent health without spending at least six weeks by the sea every year. The sea air and sea bathing together were nearly infallible, one or the other of them being a match for every disorder of the stomach, the lungs or the blood. They were anti-spasmodic, anti-pulmonary, anti-septic, anti-billious and anti-rheumatic. Nobody could catch cold by the sea; nobody wanted appetite by the sea; nobody wanted spirits; nobody wanted strength.

```
R U B R M E Z L L E W V G
S E P Q E S P I R I T S N
K T A H D D K Q P M H S I
E S O L E Z R C R W C T H
E P E M L L S O E M T R T
W E X K A Y D I S Z A E A
A N E E I C R N E I C N B
N D R N D E H F N N D G Y
T I C O Q O A A T D O T D
E N I S L Z O L J E T H O
D G S R G H T L A E H J B
H U E E Q N R I B D E Q O
D S M P T N U B J N R C N
E R U C E S W L H C T A M
S B M E T I T E P P A C J
```

AUSTEN	HOFFMANN
BURNEY	HUNT
CAVENDISH	LAMB
DE STAEL	LEWIS
DEFOE	PEACOCK
EDGEWORTH	QUINCEY
FERRIER	RADCLIFFE
FIELDING	RICHARDSON
GODWIN	SCOTT
GOLDSMITH	SHELLEY
HAMILTON	SWIFT
HAZLITT	WYSS

```
R I C H A R D S O N W S F
S M K H A M I L T O N I I
C G C H O F F M A N N W O
O C O H T R O W E G D E H
T T C V Z N I W D O G L S
T N A Y Z F R A D E Y H I
F I E L D I N G E E F G D
F E P T P L B M S F H O N
T W R F S U Z S T F A L E
P H E R R U H Q A I Z D V
W R U N I E A N E L L S A
L Y E N L E V F L C I M C
A Y S L T R R M D D T I D
M K E S S W I F T A T T N
B Y Q U I N C E Y R C H K
```

Excerpt from *Mock Panegyric on a Young Friend*

In measured verse I'll now rehearse
The charms of lovely Anna:
And, first, her mind is unconfined
Like any vast savannah.

Ontario's lake may fitly speak
Her fancy's ample bound:
Its circuit may, on strict survey
Five hundred miles be found.

Her wit descends on foes and friends
Like famed Niagara's fall;
And travellers gaze in wild amaze,
And listen, one and all.

```
H A N N A V A S K S C Y D
S S T R I C T A G I B L L
O M R R L E E J R S O T I
I S R L A P D C D A U I W
R S A A S V U N M S N F M
A E A G H I E A U I D G E
T L H N T C Z L A O D A A
N I I E S E D G L M F Z S
O M W E A Y A E K E P E U
T D D A E R U T R N R L R
T S A V A V S G D D P S E
F I R S L O V E L Y N C D
C U A I N E T S I L G U U
S S E O F R I E N D S Z H
C P D E N I F N O C N U S
```

76

Locations Used for *Northanger Abbey* Screen Adaptations

ARDBRACCAN HOUSE

ASSEMBLY ROOMS, BATH

BODIAM CASTLE

BOWOOD HOUSE

CHARLEVILLE FOREST CASTLE

CORSHAM COURT

COUNTY MEATH

COUNTY OFFALY

COUNTY WICKLOW

DUBLIN CASTLE

GAIETY THEATRE

GLENDALOUGH

HENRIETTA STREET, DUBLIN

HIGGINSBROOK

KING'S INNS, DUBLIN

LISMORE CASTLE

LUGGALA ESTATE

PUMP ROOM, BATH

ROMAN BATHS, BATH

ROYAL CRESCENT, BATH

SOMERSET

SOUTH KING STREET, DUBLIN

TRIM

TULLAMORE

```
M I R T O F F A L Y O H O
W O L K C I W S E A C T W
N I L B U D F S I T H A H
G A I E T Y E E E T A E I
L Z T D S R W M L E R M G
E W P E O A I B T I L N G
N V A M S O H L S R E A I
D H S L M R W Y A N V C N
A I M R A L E O C E I C S
L H S K H G P M B H L A B
O F T T S O G M O B L R R
U Q A U R I Y U W S E B O
G B E R O M A L L U T D O
H R Z U C S R O M A N R K
B M A I D O B M R O Y A L
```

77

Rooms

<u>ANTE</u> ROOM

<u>BALLROOM</u>

<u>BEDROOM</u>

<u>BILLIARD</u> ROOM

<u>CLOSET</u>

<u>DECKER'S</u> ROOM

<u>DINING</u> ROOM

<u>DRAWING</u> ROOM

ENTRANCE <u>HALL</u>

<u>KITCHEN</u>

<u>LIBRARY</u>

<u>LOBBY</u>

<u>MORNING</u> ROOM

<u>MUSIC</u> ROOM

<u>PARLOUR</u>

<u>RECEPTION</u> ROOM

<u>SALOON</u>

<u>SERVANT'S</u> QUARTERS

<u>SMOKING</u> ROOM

<u>STABLE</u>

<u>STUDY</u>

<u>TEA</u> ROOM

<u>VESTIBULE</u>

<u>WAITING</u> ROOM

N	O	I	T	P	E	C	E	R	R	S	W	Y
Z	O	T	S	C	N	S	U	E	A	A	G	J
L	E	D	E	Y	B	B	O	L	I	N	B	G
A	V	V	R	D	M	T	O	T	I	I	N	M
P	U	A	V	I	D	O	I	K	L	I	S	C
Y	K	N	A	N	N	O	L	N	D	L	L	O
S	I	T	N	I	G	M	I	R	E	E	I	O
G	T	E	T	N	S	A	O	C	L	R	B	S
N	C	U	S	G	R	M	K	B	F	L	R	E
I	H	P	D	D	A	E	A	C	I	H	A	T
W	E	W	M	Y	R	T	M	I	H	H	R	B
A	N	H	Y	S	S	U	R	H	H	C	Y	I
R	N	A	V	E	S	T	I	B	U	L	E	D
D	I	L	O	I	B	E	D	R	O	O	M	W
N	F	L	C	R	U	O	L	R	A	P	P	Q

78

Mrs. Dashwood Appeals to Edward Ferrars to "call it hope" (Excerpt from *Sense and Sensibility*)

"Come, come; this is all an effusion of immediate want of spirits, Edward. You are in a melancholy humour, and fancy that any one unlike yourself must be happy. But remember that the pain of parting from friends will be felt by every body at times, whatever be their education or state. Know your own happiness. You want nothing but patience—or give it a more fascinating name, call it hope. Your mother will secure to you, in time, that independence you are so anxious for; it is her duty, and it will, it must ere long become her happiness to prevent your whole youth from being wasted in discontent. How much may not a few months do?"

"I think," replied Edward, "that I may defy many months to produce any good to me."

```
G Y O U T H L E M N Y E S
N S E M I T U O E C R T U
I L E U Y K T M P D E A O
T C C T S H T N O M V I I
A Y U Y E M O C H U E D X
N D D R P Y C N A F R E N
I E O N N P G O O D K M A
C T R E O A A W K I O M R
S S P R I R N H L P A I N
A A M U T T T N E V E R P
F W U C A I U D R A W D E
Y H C E C N E I T A P E R
F O H S U G N I H T O N W
E L T Y D E F F U S I O N
D E C N E D N E P E D N I
```

A LETTER FROM A YOUNG LADY

A TALE

A TOUR THOUGH WALES IN A LETTER FROM A YOUNG LADY

AMELIA WEBSTER

CATHARINE, OR THE BOWER

EDGAR AND EMMA

EVELYN

FREDERIC AND ELFRIDA

FROM A MOTHER TO HER FREIND [SIC]

HENRY AND ELIZA

ISABEL TO LAURA

JACK AND ALICE

LESLEY CASTLE

MISS MARGARET LESLEY TO MISS CHARLOTTE LUTTERELL

SIR WILLIAM MONTAGUE

THE ADVENTURES OF MR. HARLEY

THE BEAUTIFUL CASSANDRA

THE FEMALE PHILOSOPHER

THE FIRST ACT OF A COMEDY

THE HISTORY OF ENGLAND

THE VISIT

```
R E W O B D N I E R F A R
A E L E L F R I D A T L A
R T J A T Y D A L H R I G
D H I S T O R Y E E R C D
N T C K C A J V H H E E E
A Y S C R M I T R E V L N
S S E R O S O E O N E E G
S A C L I M S N F R L B L
A G O T R F R E T Y Y A A
C N M Z S A M U A A N S N
N U E M M A H H O W G I D
E O D O L L E R E T T U L
K Y Y E L S E L M S W P E
S E L A W T E R A G R A M
A I L E M A R E T T E L L
```

ALRESFORD

ALTON ASHE

ANDOVER

BASINGSTOKE

BEAULIEU RIVER

BUCKLER'S HARD

CASTLE SQUARE

CHAWTON

COLLEGE STREET

DOLPHIN HOTEL

LYMINGTON

NETLEY ABBEY

NEW FOREST

OVERTON

PORTSMOUTH

RIVER ITCHEN

SHERBORNE ST JOHN

SOUTHAMPTON

ST NICHOLAS CHURCH

STEVENTON

THE VYNE

WHEATSHEAF INN

WHITCHURCH

WINCHESTER

```
S T N I C H O L A S A N S
L R D R O F S E R L A O T
Y H E T S Y O E T W Z T E
M N A V T M V O N D H W V
I O U R I O N E V C E A E
N T V V D R H A R Y N H N
G R Q N Y C S U E E N C T
T E A V T E H L W V I E O
O V O I L C T S T J O H N
N O S T T E N I H P L O D
B A S I N G S T O K E Z N
F A H H T U O M S T R O P
C W I N C H E S T E R R B
T S E R O F C O L L E G E
U N O T P M A H T U O S E
```

Anne Elliot Discusses Men's Educational Advantages with Captain Harville (Excerpt from *Persuasion*)

". . . Men have had every advantage of us in telling their own story. Education has been theirs in so much higher a degree; the pen has been in their hands. I will not allow books to prove anything."

"But how shall we prove anything?"

"We never shall. We never can expect to prove any thing upon such a point. It is a difference of opinion which does not admit of proof. We each begin, probably, with a little bias towards our own sex; and upon that bias build every circumstance in favour of it which has occurred within our own circle; many of which circumstances (perhaps those very cases which strike us the most) may be precisely such as cannot be brought forward without betraying a confidence, or in some respect saying what should not be said."

```
S B Q H Y G N I H T Y N A
P R E C I S E L Y K N E M
D O A N B G E R U O V A F
P U D V O K H D L I U B S
E G M Y I I E E B R O E E
R H I R H R T G R E S E G
H T T A R O G A T A G U A
A S N U W N S N C A S I T
P D C A I H I I O U T C N
S C R L A O R S U C D D A
O D L L P C T C E P X E V
S E L U L N E P D I A S D
T T X E S B S H O U L D A
S K O O B E T R A Y I N G
N E V E R B O P I N I O N
```

82

Interesting Words Used in Jane Austen's Writings

AFFECTATION

CENSURE

CORDIAL

COUNTENANCE

EXEMPLARY

FORTUNE

HAUGHTY

IMPUTE

INCIVILITY

PANEGYRIC

QUADRILLE

RETRENCH

REVERIE

SOLICITUDE

TAMBOUR

TRIFLING

UPBRAID

VERDURE

YEOMANRY

YOUNKER

```
A S E R U R E R U D R E V
E L L I R D A U Q A C U E
E T I N C I V I L I T Y S
C O R D I A L U R V R N O
O A J U C S F Y L N R H L
U F E P V E G G A E R C I
N F X B J E C M V U E N C
T E E R N L O E O P O E I
E C M A M E R B N P Q R T
N T P I Y I M E B S M T U
A A L D E A F C K J U E D
N T A E T U P M I N U R E
C I R V Z Q F O R T U N E
E O Y T H G U A H M V O V
G N I L F I R T B M H B Y
```

83

Words Used to Describe Jane Austen's Personality

AMBITIOUS

CREATIVE

CURIOUS

DISCERNING

INCISIVE

INDEPENDENT

INTROVERTED

INTUITIVE

INVENTIVE

LOGICAL

OBSERVANT

ORGANISED

PLANNER

PRAGMATIC

PRECISE

REFLECTIVE

RELIABLE

SHARP-WITTED

STRATEGIST

```
E G Q I S U O I T I B M A
Z P T N I N C I S I V E A
L H N T O S C N J R A V Z
S H A R P W I T T E D O E
O T V O S J T U Y N I R V
E S R V U T A I J N N G I
V I E E O H M T V A V A T
I G S R I N G I S L E N C
T E B T R Z A V R P N I E
A T O E U O R E O P T S L
E A H D C Y P U Z Q I E F
R R L O G I C A L C V D E
C T E L B A I L E R E O R
S S I G N I N R E C S I D
Y G I N D E P E N D E N T
```

Emma Suggests Harriet Look Before she Leaps
(Excerpt from *Emma*)

"I had no <u>notion</u> that he <u>liked</u> me so very <u>much</u>," said <u>Harriet</u>, contemplating the <u>letter</u>. For a little while Emma <u>persevered</u> in her <u>silence</u>; but beginning to <u>apprehend</u> the bewitching <u>flattery</u> of that letter <u>might</u> be too powerful, she <u>thought</u> it <u>best</u> to say,

"I lay it <u>down</u> as a general <u>rule</u>, Harriet, that if a <u>woman</u> *doubts* as to whether she should <u>accept</u> a man or not, she <u>certainly</u> ought to <u>refuse</u> him. If she can <u>hesitate</u> as to '<u>Yes</u>,' she ought to <u>say</u> 'No' <u>directly</u>. It is not a state to be <u>safely</u> entered <u>into</u> with doubtful <u>feelings</u>, with <u>half</u> a <u>heart</u>. I thought it my <u>duty</u> as a <u>friend</u>, and older than <u>yourself</u>, to say thus much to you. But do not <u>imagine</u> that I want to <u>influence</u> you."

```
L L B D N E H E R P P A E
N C A W O M A N H C U A C
T H G U O H T B E S T F N
P E R S E V E R E D E R E
N O T I O N T U F F C I L
T Y L E F A S L E H N E I
O T N I I T A E A E E N S
E F W N H T L L D S U D E
H N L G T I F Y I I L E E
E Y I E N S A R R T F K S
A M R G S S E C E A N I U
R Y S N A R T Y C T I L F
T M W C B M U A T E T O E
H O M U C H I O L U P E R
D T E I R R A H Y E D T L
```

BAY WINDOW

CHANDELIER

CHINOISERIE

DRAPERY

FAUX FINISH

FIREPLACE

FLOWERED CHINTZ

FRIEZE

GARLAND

MAHOGANY

MARBLE

OBELISK

OIL LAMP

ROSEWOOD

SILK DAMASK

SPHINX

STENCILS

STRIPED WALLPAPER

TABOURET

TAFFETA

UPHOLSTERY

VALANCE

WAX CANDLES

WINGED LION

```
O B E L I S K L U T M Y X
C P M A L L I O P A K U Z
T O Y Q N O B D H F A Z M
E A D P N F L O O F A U E
B C R Z C H G W L E Y C R
D N A L R A G S S T N H E
E X P L N K X T T A V I I
L A E Y P N D E E R A N L
B W R C I E F N R O L O E
R B Y H P S R C Y S A I D
A I P I H I I B E N S N
M S R N T L E L F W C E A
E T P T O K Z S Z O E R H
S G T Z Y V E I T O H I C
T E R U O B A T J D V E N
```

86

Anne Elliot Declares her Remembrance of Pain to Captain Wentworth (Excerpt from *Persuasion*)

"The last hours were certainly very painful," replied Anne; "but when pain is over, the remembrance of it often becomes a pleasure. One does not love a place the less for having suffered in it, unless it has been all suffering, nothing but suffering, which was by no means the case at Lyme. We were only in anxiety and distress during the last two hours, and previously there had been a great deal of enjoyment. So much novelty and beauty! I have travelled so little, that every fresh place would be interesting to me; but there is real beauty at Lyme; and in short" (with a faint blush at some recollections), "altogether my impressions of the place are very agreeable."

```
R E C N A R B M E M E R G
T H M I A M A N X I E T Y
N O U Y E D E R E F F U S
E U F A L T O G E T H E R
M R N E L B A E E R G A Z
Y S I M P R E S S I O N S
O N I N T E R E S T I N G
J Y L S U O I V E R P N D
N T L S H O R T M N L O I
E U H U N E E B O E E T S
P A H S F W B V C L A H T
L E L S U N E N E T S I R
A B A L E L I V B T U N E
C G E H T R B A O I R G S
E W R Y T F F H P L E D S
```

Films and Television Series Inspired by Jane Austen

AISHA

AUSTENLAND

BECOMING JANE

BELLE

BRIDE AND PREJUDICE

BRIDGERTON

BRIDGET JONES'S DIARY

BRIGHT STAR

CLUELESS

DEATH COMES TO PEMBERLEY

FIRE ISLAND

FROM PRADA TO NADA

I CAPTURE THE CASTLE

LOST IN AUSTEN

LOVE ACTUALLY

LOVE AND FRIENDSHIP

MATERIAL GIRLS

METROPOLITAN

MISS AUSTEN REGRETS

NOTTING HILL

PRIDE AND PREJUDICE AND ZOMBIES

SCENTS AND SENSIBILITY

THE LIZZIE BENNET DIARIES

Z	T	E	C	W	T	E	E	I	Z	Z	I	L
S	S	S	R	E	D	C	V	T	F	G	O	L
T	O	E	D	I	E	E	E	O	I	H	N	L
A	L	I	E	W	F	D	A	R	L	B	A	I
R	R	B	C	L	I	C	L	T	H	R	R	H
B	J	M	D	R	L	S	Y	D	H	I	I	G
M	T	O	P	I	E	E	E	N	R	D	L	N
T	E	Z	S	I	A	A	B	A	E	G	O	I
P	G	H	R	T	H	R	C	L	G	E	P	T
R	D	A	N	S	N	T	Y	N	R	R	O	T
A	I	F	I	Y	U	E	S	E	E	T	R	O
D	R	A	J	A	Z	V	C	T	T	O	T	N
A	B	C	L	U	E	L	E	S	S	N	E	G
E	Z	L	E	C	A	P	T	U	R	E	M	J
S	Y	E	N	A	J	O	U	A	D	A	N	G

88 Marianne Dashwood's Extraordinary Fate (Excerpt from *Sense and Sensibility*)

Marianne Dashwood was born to an extraordinary fate. She was born to discover the falsehood of her own opinions, and to counteract, by her conduct, her most favourite maxims. She was born to overcome an affection formed so late in life as at seventeen, and with no sentiment superior to strong esteem and lively friendship, voluntarily to give her hand to another!— and *that* other, a man who had suffered no less than herself under the event of a former attachment, whom, two years before, she had considered too old to be married,—and who still sought the constitutional safeguard of a flannel waistcoat!

```
S F R I E N D S H I P D E
Y F S R A E Y R L L I T S
S K O M D E R E F F U S U
M A R R I E D H N R O B A
N E F E M L A T E O A W T
E M F E A E T O G P A T T
E O A Z G N D N F I I N A
T C L B E U O A S N H E C
N R S V E R A T C I E M H
E E E S T F C R E O R I M
V V H S M O O T D N S T E
E O O D A I A R Z S E N N
S V O T C F X H E V L E T
L L D L E N N A L F F S Z
D E N N A I R A M H A N D
```

Actresses Portraying
Jane Austen Characters

KATE BECKINSALE

BRENDA BLETHYN

ANNA CHANCELLOR

LUCY DAVIS

JUDI DENCH

JENNIFER EHLE

VICTORIA HAMILTON

LILY JAMES

DAKOTA JOHNSON

KEIRA KNIGHTLEY

PHYLLIDA LAW

JENA MALONE

CAREY MULLIGAN

FRANCES O'CONNOR

GWYNETH PALTROW

ROSAMUND PIKE

ANNE REID

JULIA SAWALHA

CLAIRE SKINNER

ALISON STEADMAN

EMMA THOMPSON

HARRIET WALKER

ROSE WILLIAMS

KATE WINSLET

```
R E E N O L A M K H N K N
Y T W R D Y E W E C O Y F
I A R I A E K C I H S G T
L K E E C R H A R R I E T
Y R H N Y A B R A R L Y C
B L V L O C J N G S A W V
E D I F A S N N N R A I P
B L A S A A P I F S C L A
H C N E D R W M D T V L L
S K I N N E R Y O S I I T
I D A K O T A R N H C A R
V N Z H B M I A Y P T M O
A N P F R A N C E S I S W
D S A W A L H A K J C K Z
B E V A D N E R B U U Q E
```

BALLGOWN

BANDEAU

BODICE

BONNET

BRISE FAN

CHEMISETTE

COIN PURSE

EMPIRE WAIST

FEATHERS

FICHU

GLOVES

HAIR COMBS

LACE

MOTHER-OF-PEARL

MUSLIN FROCK

PELISSE

PETTICOAT

PUFF SLEEVES

RETICULE

ROUGE

SATIN

SHAGREEN

TORTOISESHELL

VELVET

```
L I Y E T O P E L I S S E
L R U U A E D N A B F R T
P L A C T N N H M L N E S
C R E E O A E N H I I H I
F H O H P M O E O Z T T A
F K E U S F B C R B A A W
U C B M G E O S I G S E R
P O S O I E S R P T A F R
U R P E S S E I E L T H U
H F E I V T E V O H Y E S
C F R C I O Z T E T T C P
I B R C A Q L N T L R O E
F E U O C L D G N E V O M
Z L C E C I D O B I N E T
E A B A L L G O W N C E T
```

91

Emma Watson's Worst Thought Ever!
(Excerpt from *The Watsons*)

"I am <u>sorry</u> for her <u>anxieties</u>," said Emma, "but I do not like her <u>plans</u> or her opinions. I shall be <u>afraid</u> of her. She must <u>have</u> too <u>masculine</u> and <u>bold</u> a <u>temper</u>. To be so <u>bent</u> on <u>marriage</u>—to pursue a man <u>merely</u> for the sake of <u>situation</u>, is a sort of <u>thing</u> that <u>shocks</u> me; I cannot <u>understand</u> it. <u>Poverty</u> is a <u>great</u> <u>evil</u>; but to a <u>woman</u> of <u>education</u> and <u>feeling</u> it ought not, it <u>cannot</u> be, the greatest. I <u>would</u> rather be <u>teacher</u> at a <u>school</u>—and I can <u>think</u> of nothing <u>worse</u>—than <u>marry</u> a <u>man</u> I did not <u>like</u>."

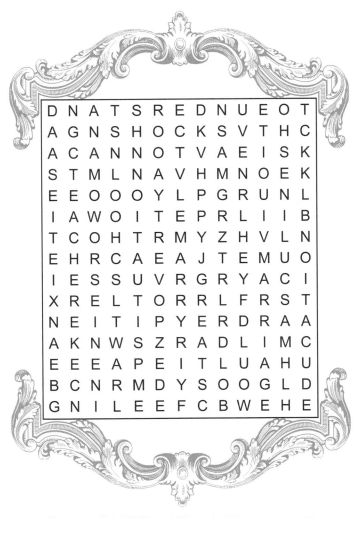

```
D N A T S R E D N U E O T
A G N S H O C K S V T H C
A C A N N O T V A E I S K
S T M L N A V H M N O E K
E E O O O Y L P G R U N L
I A W O I T E P R L I I B
T C O H T R M Y Z H V L N
E H R C A E A J T E M U O
I E S S U V R G R Y A C I
X R E L T O R R L F R S T
N E I T I P Y E R D R A A
A K N W S Z R A D L I M C
E E E A P E I T L U A H U
B C N R M D Y S O O G L D
G N I L E E F C B W E H E
```

ARCADE

CHURCH

CONSERVATORY

CRESCENT

GAZEBO

GROTTO

HERMITAGE

HOTHOUSE

MOCK CASTLE

OBELISK

PALAZZO

PARSONAGE

PAVILION

PERGOLA

PLEASURE DOME

PUMP ROOM

RECTORY

ROTUNDA

TEMPLE

TERRACE

THATCHED-ROOF
COTTAGE

TOWNHOUSE

TRIUMPHAL ARCH

VILLA

```
C H R U H C N O B E Z A G
J T H O T H O U S E L H Y
G R O T T O N U L L N C N
N C Y W S O R E I H R K C
O O G E N E O V A E C O E
I N K C D H J L S P T R G
L S R A T Z O C M T D O A
I E C R P G E U A D O T N
V R J R R N P G S T M U O
A V O E T G E M N E E N S
P A P T O Z Z A L A P D R
R T E M P L E O W T Z A A
O O Y R O T C E R G U H P
S R R C E G A T I M R E H
M Y K C O M O B E L I S K
```

Christian Names Commonly Occurring in Jane Austen's Works

ANNE	HENRY
AUGUSTA	JAMES
CATHERINE	JANE
CHARLES	JOHN
CHARLOTTE	LUCY
CLARA	MARGARET
EDWARD	MARY
ELIZABETH	PENELOPE
FANNY	RICHARD
FREDERICK	ROBERT
GEORGE	THOMAS
HARRIET	WILLIAM

```
M  A  I  L  L  I  W  A  R  E  D  A  D
H  T  E  B  A  Z  I  L  E  D  L  R  R
Z  D  C  H  A  R  L  E  S  U  A  P  Z
A  L  Q  J  M  N  H  W  C  W  F  E  B
T  M  I  R  C  A  N  Y  D  D  A  N  C
S  M  A  R  G  A  R  E  T  T  N  E  H
U  I  A  F  Q  R  T  Y  T  E  N  L  A
G  H  E  N  R  Y  I  H  E  I  Y  O  R
U  E  F  T  O  E  O  C  E  R  F  P  L
A  N  G  D  R  M  D  E  H  R  S  E  O
R  A  I  E  A  O  S  E  O  A  I  T  T
A  J  K  S  O  F  B  E  R  H  R  N  T
L  U  O  H  Z  R  P  E  M  I  V  D  E
C  P  T  H  T  L  G  L  R  A  C  O  H
G  D  P  B  N  R  U  E  P  T  J  K  B
```

94 Elizabeth Bennet's Enjoyment of Reading
(Excerpt from *Pride and Prejudice*)

Miss Bingley's attention was quite as much engaged in watching Mr. Darcy's progress through *his* book, as in reading her own; and she was perpetually either making some enquiry, or looking at his page. She could not win him, however, to any conversation; he merely answered her question, and read on. At length, quite exhausted by the attempt to be amused with her own book, which she had only chosen because it was the second volume of his, she gave a great yawn and said, "How pleasant it is to spend an evening in this way! I declare after all there is no enjoyment like reading! How much sooner one tires of anything than of a book! When I have a house of my own, I shall be miserable if I have not an excellent library."

```
R E R A L C E D Y A W N L
M Y E P A G E V E N I N G
E R A B I N G L E Y S W P
D A D O U E B R S T L N E
A R I O V A E D E H O O R
R B N K R N V N R I O I P
C I G E O O Q E I N K T E
Y L S O L U V P T G I S T
S I S U I E A S W E N E U
M K M R W E A T E H G U A
T E Y O G M Y T T S E Q L
E X H A U S T E D E U N L
W N E S O H C N I W M O Y
O M E W E N G A G E D P H
S D N T N E M Y O J N E T
```

ACACIA

APPLE

CHESTNUT

COTTAGE GARDEN

ELM TREE

ESPALIER

GOTHIC SEAT

GRAVEL PATH

HA-HA

HEDGEROW

HEIRLOOM PLANTS

HERB GARDEN

KNOT GARDEN

LARCH

MEADOW

OAK TREE

ORCHARD

PEAR

PLEASURE GROUNDS

SHRUBBERY

SPRUCE FIR

STRAWBERRY

SUNDIAL

WATER FEATURE

```
O P K W O R E G D E H V T
U A L Z R I F E C U R P S
O H U A N C H E S T N U T
E E A C N M O S A Z J W W
D R R I P T D T K H O B O
R B U H C N S N T D A Z L
A R Z T U A O P A A J H A
H E N O A T C E R E G T I
C L R G B E M A F L I E D
R G A J P W F H E A C U N
O S H R U B B E R Y C E U
R J P T D G Q M P P A R S
E E S P A L I E R E E U W
L B E L P P A Z H C R A L
M D S T R A W B E R R Y R
```

96 Mr. Knightley Declares his Love for Emma
(Excerpt from *Emma*)

"I cannot make speeches, Emma:" he soon resumed; and in a tone of such sincere, decided, intelligible tenderness as was tolerably convincing.—"If I loved you less, I might be able to talk about it more. But you know what I am.—You hear nothing but truth from me.—I have blamed you, and lectured you, and you have borne it as no other woman in England would have borne it.—Bear with the truths I would tell you now, dearest Emma, as well as you have borne with them. The manner, perhaps, may have as little to recommend them. God knows, I have been a very indifferent lover.—But you understand me.—Yes, you see, you understand my feelings—and will return them if you can. At present, I ask only to hear, once to hear your voice."

```
S T N E S E R P K L A T R
U N D E R S T A N D C M E
Y S S E N R E D N E T E N
L S E D N O T H I N G T N
B G C T O N N A C R M R A
A N I S S E L D K O N U M
R I O E A O E D N B L T S
E L V V V D N K N O W H P
L E E E I A R T M G O D E
O E R C L I U E Z M M E E
T F E G T Q T L S T A V C
L D N Y Z U E L C U N O H
L E L D E A R E S T M L E
E L T T I L H E A R G E S
W L B L A M E D D Y A M D
```

APOTHECARY

BANKER

BARRISTER

BISHOP

BUTLER

CHAPERONE

CLERGYMAN

COMPANION

CURATE

FARMER

GOVERNESS

LANDED GENTRY

MILITARY OFFICER

NOVELIST

PAINTER

PARSON

SEAMSTRESS

SERVANT

SHOPKEEPER

SOLICITOR

TRADESMAN

VICAR

```
F L G R E T S I R R A B R
P V O T N T G E N T R Y Z
E P V L O F F I C E R T D
N S E R V A N T L V P T Y
S Z R R E Y O T I O P R C
C S N E L G U C H C A A O
H H E M I B A S P C I D M
A O S R S R I A E B N E P
P P S A T B R H B W T S A
E K C F J S T Z A Z E M N
R E I W O O M C N R R A I
O E U N P Y D A K W C N O
N P N A M Y G R E L C V N
E E E T A R U C R S O H L
P R O T I C I L O S C G O
```

Marianne Dashwood and her Mother Discuss Edward Ferrars
(Excerpt from *Sense and Sensibility*)

"He [Edward] would certainly have <u>done</u> more <u>justice</u> to simple and elegant <u>prose</u>. I thought so at the <u>time</u>; but you *would* <u>give</u> him <u>Cowper</u>."

"Nay, <u>Mama</u>, if he is not to be <u>animated</u> by Cowper!—but we must allow for <u>difference</u> of taste. <u>Elinor</u> has not my <u>feelings</u>, and therefore she may <u>overlook</u> it, and be <u>happy</u> with him. But it <u>would</u> have <u>broke</u> *my* heart, had I <u>loved</u> him, to <u>hear</u> him <u>read</u> with so little <u>sensibility</u>. Mama, the more I <u>know</u> of the <u>world</u>, the <u>more</u> am I <u>convinced</u> that I shall <u>never</u> see a man whom I can <u>really</u> love. I <u>require</u> so much! He must have all Edward's <u>virtues</u>, and his person and <u>manners</u> must <u>ornament</u> his <u>goodness</u> with every possible <u>charm</u>."

```
T O V E R L O O K T I M E
E N D E R I U Q E R S E C
N I E K O R B Y P P A H N
O E T M P M R A H C Y E E
D S A N A K N O W T V G R
F O M K U N R O I E S O E
E R I E Z O R L R E M O F
E P N C N L I O U A G D F
L R A I D B M T N I L N I
I A L T I E R N V O A E D
N E G S S I E E V M D S R
G H N U V R D E A N W S A
S E M J S B D M D L U O W
S C O N V I N C E D L L D
M Y C O W P E R E A D Y E
```

Locations Used for *Sanditon* Screen Adaptations

BATH

BOGNOR REGIS

BOWOOD HOUSE

BREAN BEACH

BRISTOL

CLEVEDON

DYRHAM PARK

EASTBOURNE

GEORGIAN HOUSE MUSEUM

GLOUCESTERSHIRE

ILFORD MANOR

JOHN WESLEY'S CHAPEL

MARINE LAKE

NEW ROOM METHODIST CHAPEL

PETO GARDENS

SAND POINT

SOMERSET

SUSSEX

UPHILL

WEST LITTLETON

WILTSHIRE

WORTHING

```
G N I H T R O W J L N Y E
C S T T H N I N I E K S R
S H A K E U B T V R I E I
D H Z N D S T O A A A G H
O B C W D L R P G S D R S
O R U L E S L E T N M K R
W E N T E L Y B M U O F E
O A O M I V O E S O C R T
B N D H A U E E L H S B S
X D P D R N U D A S R B E
E U A N H M O P O I E N C
S K E D T E E R S N A W U
S A A D A L P T I S Z V O
U D T L B N O B O T E P L
S J D W I L T S H I R E G
```

100 Architectural Styles and Features

BALCONY	PALLADIAN
BOW WINDOW	PEDIMENT
CORNICE	PICTURESQUE
FACADE	PILASTER
FLUTED COLUMNS	PLASTER
GEORGIAN	PORCH
GOTHIC REVIVAL	PORTICO
GREEK	REGENCY
ITALIANATE	ROMAN
NEO-CLASSICAL	STUCCO
ORIENTAL	VERNACULAR
PAGODA	WROUGHT IRON

```
W O B P I L A S T E R V S
L A T N E I R O K E E R G
O I T O N A I G R O E G L
N T N O C I T R O P G A B
E A E R E C I N R O C M V
U L M G A G O T H I C R P
Q I I O S L F C S O E A B
S A D T R A U S C G L A O
E N E P C G A C E L L F C
R A P A I L T N A C W L C
U T D G C P C D O N N U U
T E O O Q Y I N D R R T T
C L E D L A Y T H C I E S
I N A A N Z R O Y A L D V
P R E T S A L P H C R O P
```

The Ironies of Being a 'Good' Wife
(Excerpt from *Sanditon*)

Upon the whole, Mr. Parker was evidently an amiable family man, fond of wife, children, brothers and sisters, and generally kind-hearted; liberal, gentlemanlike, easy to please; of a sanguine turn of mind, with more imagination than judgement. And Mrs. Parker was as evidently a gentle, amiable, sweet-tempered woman, the properest wife in the world for a man of strong understanding but not of a capacity to supply the cooler reflection which her own husband sometimes needed; and so entirely waiting to be guided on every occasion that whether he was risking his fortune or spraining his ankle, she remained equally useless.

```
E W D T N E M E G D U J C
M L O C C A S I O N L J O
G I T M S S R E T S I S O
N N N N A D N O F R B A L
E V I D E N T L Y S E N E
E L U T B G G R P P R G R
D Z O Y I U Y I L R A U C
E C E H I A U S E A L I H
D B A D W S W K A I H N I
L Z E P E L R I S N U E L
R D Y L A A I N E I S L D
O Y E U P C F G V N B K R
W S E L B A I M A G A N E
S B C G N O R T S E N A N
E V E Q U A L L Y B D B Z
```

BOARDING SCHOOL

COMEDIES

DANCING

DRAMA

ENGLISH GENTRY

EPISTOLARY NOVELS

FRENCH

GOTHIC STORIES

HISTORY

IMPROMPTU VERSES

LETTER WRITING

LITERARY ANTHOLOGIES

MUSIC

NEEDLEWORK

PARODIES

PLAYS

POETRY

PUBLISHING

READING

ROMANTIC FICTION

SATIRES

SPELLING

THEATRICALS

THIRD-PERSON NARRATION

```
Y R A R E T I L V N B A Y
E E D V E R S E S P F M R
N G A F I C T I O N S A O
N W N S H Q O Y O L S R T
O D C I A C R M A Q T D S
V M I H H T N C E P O A I
E U N S N S I E A D R P H
L S G E Y R I R R W I O C
S I G B T A O L E F E E H
L C Z A V D L C B S S T S
E M E H I V I P Y U R R C
T H R E A D I N G C P Y H
T Y S N A R R A T I O N O
E E M M S P E L L I N G O
R K R O W E L D E E N K L
```

Charles Musgrove's Assessment of Captain Benwick (Excerpt from *Persuasion*)

"You will not <u>find</u> anything very agreeable in him, I <u>assure</u> you, ma'am. He is one of the <u>dullest</u> young <u>men</u> that ever <u>lived</u>. He has <u>walked</u> with me, sometimes, from one <u>end</u> of the <u>sands</u> to the other, without <u>saying</u> a word. He is not at all a <u>well-bred</u> young man. I am sure you will not <u>like</u> him."

"There we <u>differ</u>, Mary," said Anne. "I think Lady <u>Russell</u> would like him. I think she would be so much <u>pleased</u> with his <u>mind</u>, that she would very <u>soon</u> see no <u>deficiency</u> in his <u>manner</u>."

"So do I, Anne," said <u>Charles</u>. "I am sure <u>Lady</u> Russell would like him. He is <u>just</u> Lady Russell's sort. Give him a <u>book</u>, and he will <u>read</u> all day <u>long</u>."

"Yes, that he will!" <u>exclaimed</u> Mary, <u>tauntingly</u>. "He will sit <u>poring</u> over his book, and not know when a <u>person</u> speaks to him, or when one <u>drops</u> one's <u>scissors</u>, or anything that <u>happens</u>. Do you <u>think</u> Lady Russell <u>would</u> like that?"

```
K S C P S R O S S I C S F
O D D L L E S S U R E A D
O N R L D E M I A L C X E
B A O B U K A S M N Y I T
D S P N O O S S C E C L S
E A S G D U W H E I N R E
R A N E R R A J D D E E L
B O V E B R L U U F I S L
L I K E L C K T F R C N U
L S V E M N E I E M I E D
E A S D I I D N R I F P N
W Y N H J T N O S R E P L
E I T B S A J D E N D A A
F N V U M G N I R O P H D
G G J T A U N T I N G L Y
```

MRS. <u>ANNESLEY</u>

CATHERINE 'KITTY'
   <u>BENNET</u>

<u>ELIZABETH</u> BENNET

<u>JANE</u> BENNET

<u>LYDIA</u> BENNET

<u>MARY</u> BENNET

MR. <u>BENNET</u>

CAROLINE <u>BINGLEY</u>

<u>CHARLES</u> BINGLEY

MR. WILLIAM <u>COLLINS</u>

FITZWILLIAM <u>DARCY</u>

<u>GEORGIANA</u> DARCY

LADY CATHERINE
   <u>DE BOURGH</u>

<u>COLONEL</u> FITZWILLIAM

COLONEL <u>FORSTER</u>

MR. EDWARD <u>GARDINER</u>

MRS. LOUISA <u>HURST</u>

MISS MARY <u>KING</u>

CHARLOTTE <u>LUCAS</u>

<u>LADY</u> LUCAS

<u>MARIA</u> LUCAS

SIR <u>WILLIAM</u> LUCAS

MRS. <u>PHILLIPS</u>

GEORGE <u>WICKHAM</u>

```
I P J Y P Y E L G N I B S
H Z E E C S O L A N K P P
A B F L M R Q U K I I K C
N N L S I A A J E L D K C
A D D E E Z R D L A H Y O
I D T N N Y A I S D U V L
G E E N A O H B A Y R W L
R B N A J P L K E W S I I
O O N W T U F O K T T L N
E U E M C B H O C V H L S
G R B A A L T D R F T I V
H G S E L R A H C S V A E
K H W Y A D Y G O V T M M
E J E Y W I C K H A M E N
Y T T I K G A R D I N E R
```

105   Excerpt from *Oh! Mr. Best You're Very Bad*

Oh! Mr. Best, you're very bad
And all the world shall know it;
Your base behaviour shall be sung
By me, a tunefull Poet.—
You used to go to Harrowgate
Each summer as it came,
And why I pray should you refuse
To go this year the same?—

The way's as plain, the road's as smooth,
The Posting not increased;
You're scarcely stouter than you were,
Not younger Sir at least.—

```
T U N E F U L L E R U O Y
F I R D E S A E R C N I Z
K E A C H G N I T S O P B
W S D A O R E F U S E A B
W O R L D U R S U T S Q E
N U H L G E U M A E C A H
I S S T T D M G T M U O A
A E S U O E W E J W E W V
L D O I R O O S O A H C I
P T F U R P M N E Y T A O
S V E R Y K K S G S K M U
S C A R C E L Y E N F E R
B H B P Y P A B C A U S A
L E A S T R D L U O H S E
S U D O P Y O U N G E R Y
```

BREECHES

BUCKLES

CRAVAT

DANDY

DARK CLOTH

FRILLS

GARRICK

HIGH COLLAR

KID GLOVES

LINEN SHIRT

NECKCLOTH

PANTALOONS

POWDER

SATIN NIGHTGOWN

SIDEBURNS

SILK STOCKINGS

SNUFF BOX

TAILCOAT

TRICORN HAT

TROUSERS

VELVET

WAISTCOAT

WELLINGTON BOOTS

WIGS

```
A S N O O L A T N A P N S
D W S I D E B U R N S N K
A T R O U S E R S H U B L
N A A N S K Z A M F V R I
D O P O W D E R F Q M E S
Y C A N C T A V A R C E T
B T T E V L E V M N F C R
U S A T I N I S H G I H I
S I L E K L K A L D W E C
T A A I F G S C T L I S O
O W D O Q I C D I Z I Z R
O W I G S G Y A B R O R N
B U C K L E S R J Y R K F
B S H I R T P K M R M A O
U O N E C K C L O T H Y G
```

107 Emma and Robert Watson Disagree about Money and Women (Excerpt from *The Watsons*)

Emma was the first of the females in the parlour again; on entering it, she found her brother alone.

"So, Emma," said he, "you are quite a stranger at home. It must seem odd enough for you to be here. A pretty piece of work your Aunt Turner has made of it! By heaven! A woman should never be trusted with money. I always said she ought to have settled something on you, as soon as her husband died."

"But that would have been trusting *me* with money," replied Emma; "and I am a woman, too."

"It might have been secured to your future use, without your having any power over it now. What a blow it must have been upon you! To find yourself, instead of heiress of eight thousand pounds or nine thousand pounds, sent back a weight upon your family, without a sixpence. I hope the old woman will smart for it."

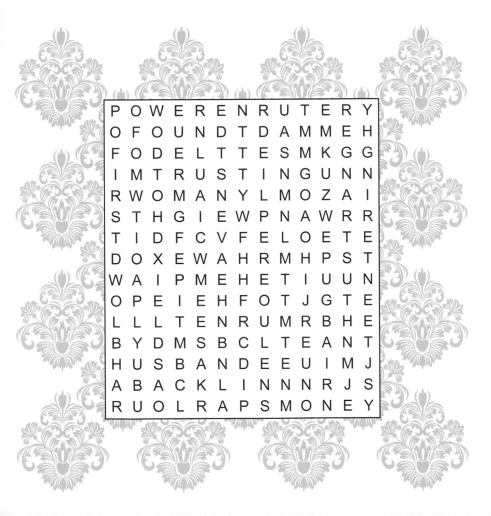

```
P O W E R E N R U T E R Y
O F O U N D T D A M M E H
F O D E L T T E S M K G G
I M T R U S T I N G U N N
R W O M A N Y L M O Z A I
S T H G I E W P N A W R R
T I D F C V F E L O E T E
D O X E W A H R M H P S T
W A I P M E H E T I U U N
O P E I E H F O T J G T E
L L L T E N R U M R B H E
B Y D M S B C L T E A N T
H U S B A N D E E U I M J
A B A C K L I N N N R J S
R U O L R A P S M O N E Y
```

Locations Used for *Persuasion* Screen Adaptations

AMMERDOWN HOUSE

BATH

BRYMPTON HOUSE

BURTON BRADSTOCK

CHIPPENHAM

CORSHAM

DORSET

GREAT CHALFIELD

ISLEWORTH

KILMERSDON

LONDON

LYME REGIS

MANOR HOUSE

NESTON PARK

OSTERLEY PARK

ROYAL CRESCENT, BATH

SALISBURY

SEATOWN

SHELDON MANOR

SOMERSET

THE COBB

TRAFALGAR PARK

WILTSHIRE

YEOVIL

```
N O T S E N M A H S R O C
E R I H S T L I W H A N H
K A R B E S T A S O G O I
C I M L B R D C R U L T P
I S L E W O R T H S A P P
J O K M R R C C E E F M E
S S S S E R E A R G A Y N
O B E T O R T G L R R R H
M T U Y E O S F I I T B A
E L A R W R D D V S E S M
R L R N T A L R O N A M O
S H E L D O N E E N E R A
E P L E R K N Z Y H T A B
T U A C Y R U B S I L A S
S D N O D N O L E A S T E
```

109   Mrs. Morland on Being Content at Home
(Excerpt from *Northanger Abbey*)

Catherine took up her work directly, saying, in a dejected voice, that "her head did not run upon Bath—much."

"Then you are fretting about General Tilney, and that is very simple of you; for ten to one whether you ever see him again. You should never fret about trifles." After a short silence—"I hope, my Catherine, you are not getting out of humour with home because it is not so grand as Northanger. That would be turning your visit into an evil indeed. Wherever you are you should always be contented, but especially at home, because there you must spend the most of your time. I did not quite like, at breakfast, to hear you talk so much about the French bread at Northanger."

```
A D A E H Y L T C E R I D
G N G T I L N E Y E P O H
A D A N C O N T E N T E D
I B E S I S P E N D I B G
N C N E C N E L I S R E R
S O I M D E R V O E M T A
E B R D S N L U A I I Q N
L F E T H G I K T S J U D
F R H G H U F S I D W I K
I E T W N A M V I H U T L
R N A H S I N O Y M O E A
T C C T J O T G U V P M T
P H C G N I T T E R F L E
D E T C E J E D E R W K E
R E H T E H W T Y G S F Z
```

ABBEY GATEWAY

ALL SOULS COLLEGE, OXFORD

BATH

BERKSHIRE

CHAWTON HOUSE

CLIFTON

DEANE RECTORY

GODMERSHAM

HAMPSHIRE

KENT DOWNS

POETS' CORNER

READING ABBEY GIRLS' SCHOOL

SOMERSET

ST NICHOLAS CHURCH

ST SWITHIN'S CHURCH

STANFORD COTTAGE

STEVENTON

SUSSEX COAST

SYDNEY PLACE

WESTMINSTER ABBEY

WINCHESTER CATHEDRAL

WORTHING

```
G Y Y S I D R O F N A T S
B U E T N E J C R V G T M
E S N E O R O D W G T M A
R T D O T I S U S S E X H
K S Y P W H Y E B B A L S
S W S W A S G N I D A E R
H I O L H P K H D S O L E
I T G R C M B E T T N A M
R H E A T A Z E N W O R D
E I Y S T H V K E T T D O
N N R H R E I W L V F E G
A S I L N E W N Q I I H H
E H W T J Z M A G T L T W
D R O F X O C O Y I C A H
F N H C R U H C S R W C W
```

111 Mr. Darcy Declares his Love for Elizabeth (Excerpt from *Pride and Prejudice*)

"In <u>vain</u> I have <u>struggled</u>. It will not do. My <u>feelings</u> will not be repressed. You must <u>allow</u> me to tell you how <u>ardently</u> I <u>admire</u> and <u>love</u> you."

Elizabeth's <u>astonishment</u> was <u>beyond</u> expression. She <u>stared</u>, coloured, <u>doubted</u>, and was <u>silent</u>. This he considered sufficient encouragement; and the <u>avowal</u> of all that he felt, and had <u>long felt</u> for her, immediately followed. He <u>spoke</u> well; but <u>there</u> were feelings <u>besides</u> those of the <u>heart</u> to be detailed; and he <u>was</u> not more <u>eloquent</u> on the <u>subject</u> of tenderness than of <u>pride</u>. His <u>sense</u> of her <u>inferiority</u>—of its being a degradation—of the family <u>obstacles</u> which had always opposed to inclination, were dwelt on with a <u>warmth</u> which seemed <u>due</u> to the consequence he was <u>wounding</u>, but was very unlikely to <u>recommend</u> his <u>suit</u>.

```
E D I R P A V H B B T D A
I A E U L A E D T E I E S
N V K L I A T N D S U L T
F O O N R N E E E I S G O
E W P T E U S O T D F G N
R A S L Q N A W B E E U I
I L I O E E R O U S E R S
O S L S U I D U O S L T H
R E C O M M E N D U I S M
I I D G B W N D D B N E E
T L N E A A T I N J G R N
Y O O R R S L N O E S I T
L J M V R A Y G Y C E M L
K T E R E H T U E T U D E
H S E L C A T S B O D A F
```

SOLUTIONS

1

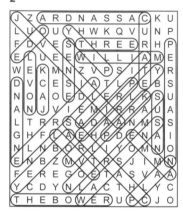

2

3

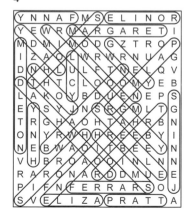

4

SOLUTIONS

5

6

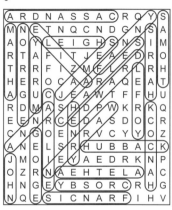

7

8

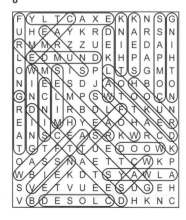

SOLUTIONS

9

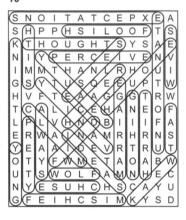 *(puzzle 9 grid)*

```
R E I N O F F I H C C Q E
G S P E D E S T A L P E N
N Y P L L A F R E T A W I
I D R E S S I N G Y P Y W
W W S K T A Y Q C H E S T
S T U U H S G N I T I R W
B R R C A N T E R B U R Y
U O M O W H A T N O T B Y
E R B B P E O P J A O O G
A U S B S N O N B J P O N
S J G I R E L A A R K I
V T A A Q N E V E I A C W
F H E C N E I T A P P A E
C W K D R A O B E D I S S
T E N I B A C G I N K E E
```

10

```
S N O I T A T C E P X E A
S H P P H S I L O O F T S
K T H O U G H T S Y S A E
N I Y P E R C E I V E N V
I M M T H A N L R H O U I
G S Y T U S Q E E U P T W
H V F T E A A G G G T R O
T C A L I C E H A N E O F
L P L V H N O B I I E I A
E R W A I N A M R H R N S
Y E A A I D E V R T R U T
O T Y F W M E T A O A B W
U T S W O L F A M N H E C
N Y E S U H C H S C A Y U
G F E I H C S I M K Y S D
```

11

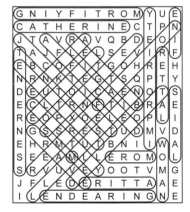 *(puzzle 11 grid)*

```
H T R O W H S U R I H H L
C N H A N T I G U A N C Y
B A D D E L E Y H T B A H
L S S P A D O K E A W T R
Y U S I K O N C D A U N K
H S G I R O U N O B O T
Y A Y D D R F R M N T T M
A B M N P W O S P D Y R A
T K O P V T N I D E E R R
E L H Z S R G N A F W H I
S J U E O H D L A G K T A
M U Z P N I N D R O O U
A L I P E R N R A S G S N
R I Z S O Y Y P E Q S Z V
Y A R S A M O H T D I K Y
```

12

```
G N I Y F I T R O M Y U E
C A T H E R I N E C T P N
J T A V R A V Q B D E O I
T A J F L E I S E V I R F
E B C O F I T G O H R E H
N R N K T E G T S Q P T Y
D E U T O I C A E N O T S
E C L T R N F T I B R A E
R E O P X O E L E O P L I
N G S S R E S D U D M V D
E H R M T U T B N I I W A
S E E A M I L E R O M O L
S R V U V E Y O O T V M G
J F L E D E R I T T A A E
I L E N D E A R I N G N E
```

 230

SOLUTIONS

13

14

15

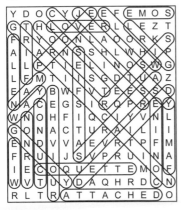

16

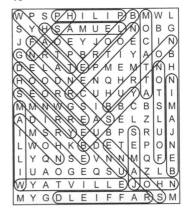

SOLUTIONS

17

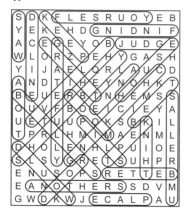

18

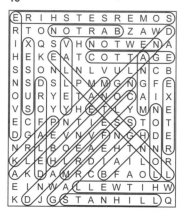

19

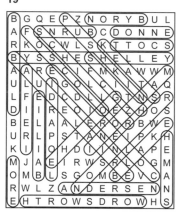

20

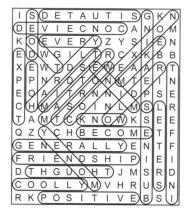

SOLUTIONS

21

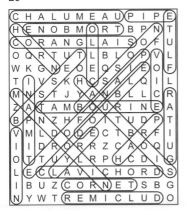

22

23

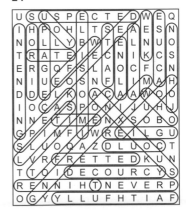

24

SOLUTIONS

25

```
T E A S T H M O N H T Q H
D N D S D W U R K E N T E
B E O I T A U N U A U B R
N R R T S O S L S O O M T
O N B B P K H O F M A F
D S E G M A E W D O H O
N E N T H S A E S O G R R
O O N S H T H L H L R E D
L K O S G E O I O C M T S
S Y T T A N R N R P A S H
I M Y R A K I F U E H E I
V P R E T O J S I Q P W R
R T E E I T R E O F A A E
U O M T P E M B E R L E Y
P N H A Y E P A R K C D Z
```

26

```
D L U O H S G K N O P U Y
H L A N G U A G E S L N Y
D O E X C E L L E N T I L E
D W W Q P U O Y S I L N E K
C O N S I D E R E D A T I L
B U U S T I B A H O T E L L
Z L U N B R A V O E N L Q
H D M O D E R N K G E L I U
S G N I L E E F G N M I U E
Y L T C E F R E P T C I R
E N O U G H Q S F T C I B I T
U N E Q U A L E T C U B L A
N O I T A U T I S A D L T A
I N F L U E N C E D N E A
I U P E R S O N S V I D S
```

27

```
T S Y E P S H T A R T S F
U D R J S D I F F Q Z C P
F H T R B C G D A N C E G
L H I J I G H E Y H N T A
W A L T Z E L P O Y O R L
C C D Z T M A R C H I A O
O A D E M B N F O G L M P
U W J D N P D U A L L O A K
N O M Q I T A U E S I U K
T D K P E D D M P C T L N
R E E L R O A A Q I O I W
Y R L I N N N T Q Q C N A
Z A L L D I B O U R R E E
B L V E S U E T U A S T S
E T F H W A E S S A H C T
```

28

```
P T T M O R D E R S A H Y
A R W E A D T Z U S Y C U
D G L R Z N C I R U E
I W A N S L I X I E M E S B
S W D I T T S A S V V E H
P I M L N U E O N A E L A
U L I A M K U D O N U R P
T I R R N O D N O L E C P
E I E E T R A V E L D L Y
S N M N O T N E T N O C N
Y G L E G E V I G R O F K
P D U G R U N W O R T H Y
O F O A O I Y L I M A F P
C P S G F M T C O W P E R
S R E L L E S K O O B D T
```

234

SOLUTIONS

29

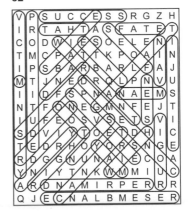

```
W E N I R E H T A C R I U
I R D S D L A N I G E R N
G I J N E N O S L I W A H
M H C O O K Y D A L I J A
O S G H H K R A K R W S M
R D P N U N J A A C M C I
E R N A I R S M L I N A L
D O O J R R C O T C O L T
R F N R S K A H N D D I O
A F R O P E L W H A N C N
W A F A R L A N I O I S
D T V G C N S R N I L A U
E S U M M E R S A D A L S
L A N G F O R D J H S M A
S E M A J E L T S A C R N
```

30

```
E E O P E R A T I O N S Q
L R L O R T N O C K R P E
C U C H A N G E S T A Z P
A T M E M O R Y N T S E R
R A O W O N D E R F U L W
I N T E L L I G E N C E S
M M H F M D T Q T N S R P
Y E E T E E G P E S N E A
T E R B S N A O N E U T K
L S O Z I A W T R A M A I
U A D D E D P E I U M A N
C K N I H T G R V L U L G
A I T R A I N S E L I H Q
F C I N N A R Y T A K G L
G N I T T E G R O F E M Y
```

31

```
W F A R A W Z T O K B D L
Y C N G H T R A Z O M L L
E N R A P O T E Y Y I E L
D M Y A M A P V B R Y I E
O D T B M M R S V E M H M
N I R E P E D R L E W S M
I B E E Y N R P Y B M D U
Z D B T K D Y E L N I L H
E I U H C A R U L L I F P
T N H O H B S T E R K E L
T Q C V E G J Z Q J H L Y
I D S E I N I S S O R L D
H B R N O I N I N A G A P
V A N H O S S L E D N E M
R E D I E N H C S E R S N
```

32

```
V P S U C C E S S R G Z H
I R T A H T A S F A T E T
C O D W I E S O E L E N I
T M C P A T T K P O A I N
I P S B A R B A R L F A J
M T J N E D R O L P N V U
I I D F S P N A N A E M S
N T F O N E G M N F E J T
I U F E O S V S E T S V I
S D V I Y T O E T D H I C
T E D R H O Y O R S N G E
R D G G N U N A I E C O A
Y N I Y T N K W M M I U C
A R D N A M I R P E R R R
Q J E C N A L B M E S E R
```

235

SOLUTIONS

33

34

35

36

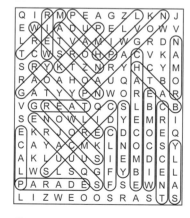

SOLUTIONS

37

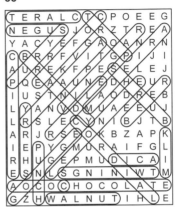

38

39

40

SOLUTIONS

41

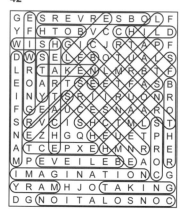

42

43

44

SOLUTIONS

45

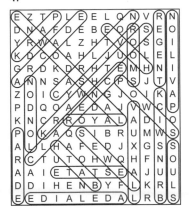

46

47

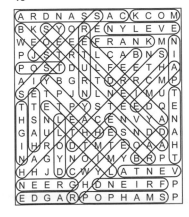

48

 239

SOLUTIONS

49

50

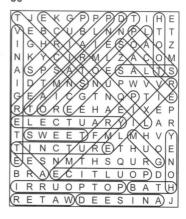

51

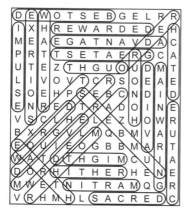

52

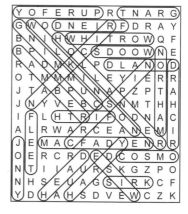

SOLUTIONS

53

```
L K R E T C A R A H C O Y
T N E M E V E I H C A E L
B R W I C K E D N E S S T
M E E S M Y G S M C M C C
O H W H D P N L E B T E E
C T H J T O U R O R Z A F
X I U A I E T D I R W S R
O E N S N A H F E E I E E
C B A S I D L W A N B E P
R V M N J I L K Q Q T V D
E Y L T N E R E F F I D S
Q Y T G V A N I T I E S I
O S T E N T A T I O N N L
Y L L O F A S H A M E D L
E L B I S N E S G N U O Y
```

54

```
W R H Y T H M I C T V K S
G N I L L E P S S I M L N
B W O R D G A M E S F A U
N O I T A R E G G A X E P
J E I R O N Y C O M I C P
C U L S D N O N S E N S E
H Q A W T E L A T T J S R
A S C U O E T U B G N U V
R E I D P I R I F A S F E
M T C D R A F O R E L D R
I O R E R Z R K U I E W S
N R A C L U Y O M S P I E
G G F T Y Y S S D M F S G
R A N D O M Y B Y Y A R S
Y T T I W J P L A Y F U L
```

55

```
S S N A M H G U O L P Z N
N J K U G D I R E C T L Y
E W S A K G V T N E S W K
N T U A U M R W E E K L L
E Z E B H G O E A T C L I
E P M T M E U E S A O C C
S R A A R I T R N L Y E N
S E D O R E L E B N B D N
D E L W P Y V V L E I Z S
S R A E Y E X I T P N E
A S J C I R N T T C M F G
E Z S R T L E I E A N O S
F N G I K R H P N M L P C
H C D B M P X Q H G H E V
E V I E C E R A E P P A R
```

56

```
Y S R I O M E M I D H U D
A Z D E S N E P S U S Y N
G Y Z O M B I E S V H L A
P N E I Y W B I Z R E B L
B R O S L I H U E C L M N
K U O W H T Q T L N B E E
O O V M B A S H E C I S T
O B A N N I E H F T G S S
B G L O S G T L S R I A U
J N Z I S Y C R A D L R A
N O I T A T I D E M E R P
D L D O T F D E D I R P J
D I A R Y I J A Q J B A K
I E P A C S E T U F N I L
L A S T H T I H R E H T O
```

SOLUTIONS

57

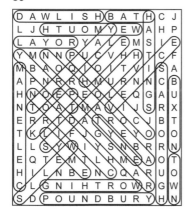

58

59

60

SOLUTIONS

61

62

63

64

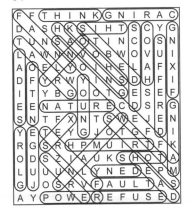

SOLUTIONS

65

66

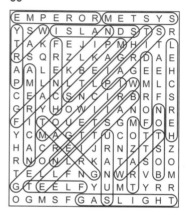

67

68

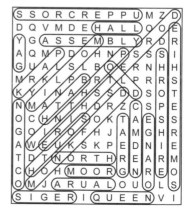

SOLUTIONS

69

70

71

72

SOLUTIONS

73

74

75

76

SOLUTIONS

77

78

79

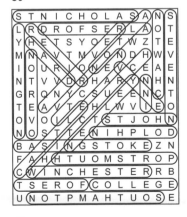

80

SOLUTIONS

81

S B Q H Y G N I H T Y N A
P R E C I S E L Y K N E M
D O A N B G E R U O V A F
P U D V O K H D L I U B S
E G H M Y I E E B R O E E
R H I R H R T G R E S E G
H T T A R O G A T A G U A
A S N U W N S N C A S I T
P D C A I H I I O U T C N
S C R L A O R S U C D D A
O D L L P C T C E P X E V
S E L U L N E P D I A S D
T T X E S B S H O U L D A
S K O O B E T R A Y I N G
N E V E R B O P I N I O N

82

A S E R U R E R U D R E V
E L L I R D A U Q A C U E
E T I N C I V I L I T Y S
C O R D I A L U R V R N O
O A J U C S F Y L N R H L
U F E P V E G G A E R C I
N F X B J E C M V U E N C
T E E R N L O E O P O E I
E C M A M E R B N P Q R T
N T A P I Y I M E B S M T U
A A L D E A F C K J U E D
N I R E T U P M I N U R E
C I R V Z Q F O R T U M E
E O Y T H G U A H M V O V
G N I L F I R T B M H B Y

83

E G Q I S U O I T I B M A
Z P T N I N C I S I V E A
L H N T O S C N J R A V Z
S H A R P W I T T E D O E
O T V O S J T U Y N I R V
E S R V U T A I J N N G I
V I E E O H M T V A V A T
I G S R I N G I S L E N C
T E B T R Z A V R P N I E
A T O E U O R E O P T S L
E A H D C Y P U Z Q I E F
R R L O G I C A L C V D E
C T E L B A I L E R E O R
S S I G N I N R E C S I D
Y G I N D E P E N D E N T

84

L L B D N E H E R P P A E
N C A W O M A N H C U A C
T H G U O H T B E S T F N
P E R S E V E R E D E R E
N O T I O N T U F F C I L
T Y L E F A S L E H N E I
O T N I T A E A E E N S
E F W N H T L L D S U D E
H N L G T I F Y I I L E E
E Y T E N S A R R T F K U
A M R G S S E C E A N I S
R Y S M A R T Y C T N U F
T M W C B M U A T E T O E
H O M U C H D O L U P E R
D T E I R R A H Y E D T L

SOLUTIONS

85

```
O B E L I S K L U T M Y X
C P M A L L I O P A K U Z
T O Y Q N O B D H F A Z M
E A D P N F L O O F A U E
B C R Z C H G W L E Y C R
D N A L R A G S S T N H E
E X P L N K X T E A V I N
L A E Y P N D E E R A N I
B W R C E F N R Y L O E L
R B Y H P S R C Y S N I D
A I P I H I I I B E A D N A
M S R N T L E L F W C E R H
E T P T O K Z S Z O E R I C
S G T Z Y V E I T O H I C
T E R U O B A T J D V E N
```

86

```
R E C N A R B M E M E R G
T H M I A M A N X I E T Y
N O U Y E D E R E F F U S
E U F A L T O G E T H E R R
M R N E L B A E E R G A Z
Y S I M P R E S S I O N S
O N I N T E R E S T I N G
J Y L S U O I V E R P N D
N T L S H O R T M N L O I
E U H U N E E B O E E T S
P A H S F W B V C L A H T
L E L S U N E N E T S I R
A B A L E L I V B T U N E
C G E H T R B A O I R G S
E W R Y T F F H P L E D S
```

87

```
Z T E C W T E E I Z Z I L
S S S R E D C V T F G O L
T O E D I E E O I H N N L
A L I E W F D A R L B A I
R R B C L I C L T H R T H
B J M D R I S Y D H I I G
M T O P I E E N R D L N I
T E Z S I A A B A E G O T
P G H R T H R C L G E P O
R D A N S N T Y N R R O N
A I F I Y U E S E E T R T
D R A J A Z V C T T O T N
A B C L U E L E S S N E G
E Z L E C A P T U R E M J
S Y E N A J O U A D A N G
```

88

```
S F R I E N D S H I P D E
Y F S R A E Y R L L I T S
S K O M D E R E F F U S U
M A R R I E D H N R O B A
N E F E M L A T E O A W T
E M F E A E T O G P A T T
E O A Z G N D N F I I N A
T C L B E U O A S N H E C
N R S V E R A T C I E M H
E E E S T F C R E O R I M
V H S M O O T D N S T E E
E O O D A I A R Z S E N N
S V O T C F X H E V L E T
L L D L E N N A L F F S Z
D E N N A I R A M H A N D
```

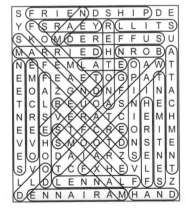

SOLUTIONS

89

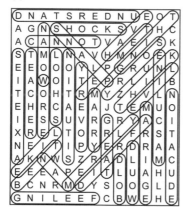

90

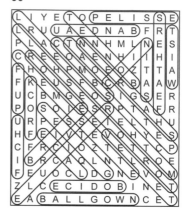

91

92

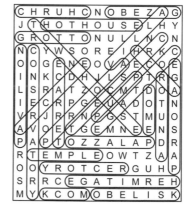

SOLUTIONS

93

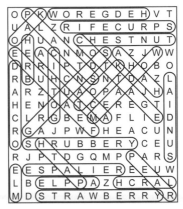

94

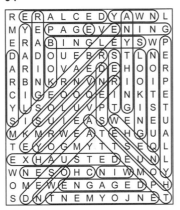

95

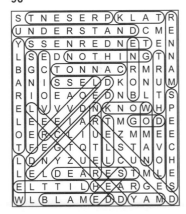

96

SOLUTIONS

97

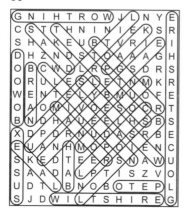

98

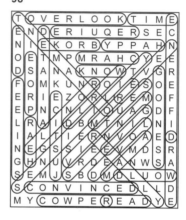

99

100

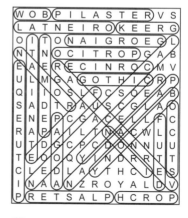

SOLUTIONS

101

102

103

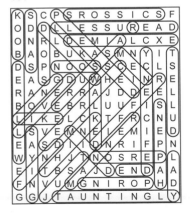

104

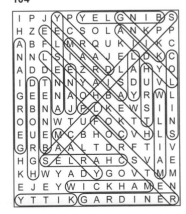

SOLUTIONS

105

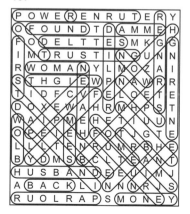

106

107

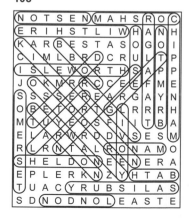

108

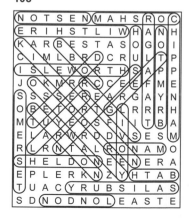

SOLUTIONS

109

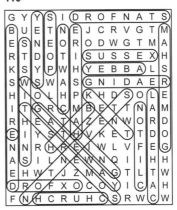

110

111